Feld
Neue Neustadt
Neu Olvenstedt
Florapark
Magdeburg
39128
Nordwest
Alte Neustadt
Nordfront
Nordpark
Universität
Werder
Großer Werder
Stadt-
Ost
Altstadt
West
Magdeburg Hbf.
39104
Hermann-Beims-Siedlung
Brückfeld
Cracau
Elbauenpark
Margarethenhof
Herrenkrug
Stadtpark Rotehorn
Marieninsel
Adolf-Mittag-See
Scherbelsberg
Klosterbergegarten
Sudenburg
Buckau
39112
Alte Elbe
Elbe
Zollelbe
Zollhafen
Winterhafen
Hasselbachplatz
M.-Neustadt
M.-Buckau
M.-Herrenkrug
39106
ADAC
Magdeburger Ring

Magdeburg – Mittelalterliche Kaiserstadt
Magdeburg – a medieval Imperial City
Magdeburg – ville d'Empire médiévale

Landeshauptstadt und Elbmetropole

MAGDEBURG

Mittelalterliche Kaiserstadt

Text: Manfred Zander

MAGDEBUGER REITER auf dem Alten Markt

ZIETHEN-PANORAMA VERLAG

Magdeburg – Mittelalterliche Kaiserstadt

Die Magdeburger sind nicht nachtragend. Das ist schon daran zu erkennen, dass sie Till Eulenspiegel auf dem Alten Markt ein Denkmal setzten. Genau dort, wo er die Vorfahren der heutigen Magdeburger zum Narren gehalten hatte. Bekanntlich hatte er angekündigt, sich vom Dache des Rathauses wie ein Vogel in die Lüfte zu erheben. Neugierige kamen in Scharen, erlebten aber keinen fliegenden Till und wurden obendrein noch von ihm verspottet. Die Magdeburger machten eine Tugend daraus, erklärten Till zu einem der ihren und lernten, über sich selbst zu lachen. Das hilft ihnen heute, mit manchen Vorurteilen umzugehen, mit denen Besucher in ihre Stadt reisen. Was umso leichter fällt, da die meisten ihre Meinung schnell ändern, wenn sie die Stadt erst kennen gelernt haben. „Magdeburg überrascht" heißt der Wahlspruch einer Werbeoffensive.

„Magdeburg wird oft von solchen, die es nicht kennen, unterschätzt", beschrieb der letzte Reichspräsident in seinen Lebenserinnerungen den Graben zwischen Vorbehalt und Wirklichkeit. Es sei eine schöne alte Stadt mit vielen Sehenswürdigkeiten, ist dort über seine Magdeburger Jahre (1904 bis 1911) als Chef des Generalkommandos des IV. Armeekorps zu lesen. Paul von Hindenburg erweist sich als genauer Kenner der Vorzüge der Geburtsstadt seiner Frau Gertrud: „Was der nächsten Umgebung Magdeburgs an Naturschönheiten versagt ist, hat man durch weit ausgedehnte Parkanlagen zu ersetzen gewusst. Auch für Kunst und Wissenschaft ist durch Theater, Konzerte, Museen, Vorträge und dergleichen gesorgt. Man sieht also,

Magdeburg – a medieval Imperial City

The people of Magdeburg don't bear grudges. You can see that by the way they have erected a memorial to Till Eulenspiegel in the Old Marketplace – on the very spot where he made fools of the ancestors of today's Magdeburgers. One day, the story goes, he announced he was going to launch himself from the roof of the Town Hall like a bird on the wing. Curious crowds gathered below, but Till never took flight - he simply mocked them instead. The Magdeburgers turned the situation to their own advantage, declared Till to be one of them and learned not to take themselves so seriously. Even today, it's an approach that helps them to cope with the negative preconceptions of visitors to the town. Admittedly that's not a hard task, for newcomers quickly change their minds once they get to know Magdeburg. As one municipal advertising campaign puts it: 'Magdeburg surprises'.

This gap between expectation and reality was noted by the great military leader and former president of Germany, Field Marshall Hindenburg, who wrote in his memoirs that "Magdeburg is often underrated by those don't know it". As General of the Infantry of the Fourth Army Corps in Magdeburg from 1904-11, he described it as a beautiful old city with many interesting sights. Here Hindenburg shows his intimate knowledge of the home town of his wife Gertrud: 'What the vicinity of Magdeburg lacks in natural beauty, it makes up for in its extensive parklands. The arts and sciences are equally well catered for in theatres, concerts, museums, lectures and so on. Even when off duty, as you can see, you can feel at ease there.

Magdeburg – ville d'Empire médiévale

Les habitants de Magdebourg ne sont pas rancuniers. La preuve en est le monument qu'ils ont élevé à Till l'Espiègle sur l'Alte Markt, exactement à l'endroit où le saltimbanque malicieux s'est moqué de leurs ancêtres. Il avait annoncé qu'il s'envolerait comme un oiseau dans les airs depuis le toit de l'hôtel de ville. Les curieux arrivèrent en masse ; non seulement, ils ne virent pas Till voler, mais furent aussi l'objet de ses quolibets. Ils firent de nécessité vertu, adoptèrent Till comme un des leurs et apprirent l'autodérision. Cela les aide aujourd'hui à braver certains préjugés emballés dans les bagages des visiteurs. Cela est d'autant plus facile que ces préjugés s'envolent vite une fois qu'on a découvert la ville. « Magdebourg surprend » clame la devise d'une campagne de publicité.

« Ceux qui ne connaissent pas Magdebourg sous-estiment cette belle vieille ville riche en curiosités » écrit Paul von Hindenburg dans ses mémoires, faisant allusion au fossé entre parti pris et réalité. Le premier président du Reich vécut de 1904 à 1911 à Magdebourg où il commandait le IVe corps d'armée. Il se révèle un fin connaisseur de la ville natale de son épouse Gertrude : « Si les beautés naturelles font défaut dans les environs immédiats de Magdebourg, on y a remédié par de vastes parcs verdoyants dans la ville. L'art et la science sont de même très présents à travers concerts, théâtres, musées, conférences et autres activités culturelles. Comme on le voit, on peut avoir une vie sociale agréable en dehors de ses fonctions... » Aucun monument ni nom de rue ne

dass man sich dort auch außerdienstlich wohl fühlen kann ..." An Hindenburg, dem die Stadt bereits 1914 die Ehrenbürgerschaft antrug, erinnert heute weder Denkmal noch Straßenname. Nur das Gebäude des früheren Generalkommandos überdauerte die Zeiten und ist heute Dienstsitz des sachsen-anhaltischen Ministerpräsidenten.

Magdeburg ist also eine alte Stadt. 805 ließ Kaiser Karl der Große ihren Namen erstmals aufschreiben. Im so genannten Kapitular von Diedenhofen (Thionville) untersagte der Kaiser alle Handelsreisen in den slawischen Osten, die über Magdeburg hinausgingen. Was als Verbot gedacht war, wurde zum Glücksfall für Magdeburg. Deutsche und slawische Händler mussten nun in die karolingische Grenzfeste reisen, um Waren auszutauschen. Es war die Geburtsstunde des Handelsplatzes Magdeburg. Die Stadt dürfte einiges älter sein als Karls Unterschrift unter dem Diedenhofener Kapitular. Ob es tatsächlich Römer waren, die dort einen Tempel für die Göttin Venus stifteten und so den Namen des Ortes begründeten, darf bezweifelt werden. Zwar fuhren die Römer die Elbe hinauf, kamen aber niemals bis an den Platz, an dem Magdeburg liegt.

Ein Jahrhundert nach Karl rückte ein anderer Herrscher Magdeburg vom Rand ins Zentrum seines Reiches. Otto I. (912 bis 973), sächsischer König und erster Kaiser des Heiligen Römischen Reiches Deutscher Nation, und seine erste Frau, Editha von Wessex (910 bis 946), waren die großen Förderer der Stadt. Magdeburg wurde Ottos Brautgabe für Editha und die Lieblingsresidenz des Königpaares.

Today there is no local street name or monument to commemorate Hindenburg's role here, though he became an honorary citizen of Magdeburg in 1914. Only the headquarters of his General Command has survived, a building that now serves as the official residence of the Minister President of Saxony-Anhalt.

Magdeburg is of course a very old city. Its name was first recorded in 805, in the reign of Charlemagne. In the royal decree of Diedenhofen (now Thionville, in France), the Emperor ordered that nobody should travel through Magdeburg to trade in weapons with the Slav lands to the east. What was meant as a ban turned out to be a bonus. German and Slav traders were obliged to do business directly in Charlemagne's border stronghold, marking the birth of Magdeburg as a trading centre. The city had certainly existed for some time when Charlemagne signed the Decree of Diedenhofen, but it is doubtful if its name really derives from the foundation of a Roman temple dedicated to the goddess Venus. Certainly the Romans navigated parts of the River Elbe, but never reached the point at which Magdeburg was founded.

One hundred years afterwards, another ruler drew Magdeburg from the borders of his Empire into its heartland. The grand new patrons of the city were King Otto I (912-973) of Saxony, the first Holy Roman Emperor, and his first wife Edith of Wessex (910-946). Magdeburg was Otto's wedding gift to Edith, and it became their favourite residence. The years following Otto's

rappelle Hindenburg qui devint pourtant citoyen d'honneur de la ville en 1914. Mais l'édifice où résidait le commandement militaire prussien a traversé les temps et est aujourd'hui le siège du ministre-président du Land de Saxe-Anhalt.

Magdebourg est en effet une vieille ville, citée par écrit pour la première fois en 805 dans une ordonnance de Charlemagne. Dans le capitulaire de Thionville (Diedenhofen), l'empereur interdit tous les voyages de commerce vers les régions orientales slaves au-delà de Magdebourg. Un décret qui s'avéra une aubaine pour Magdebourg. Les marchands allemands et slaves devaient désormais se rendre dans l'établissement fortifié carolingien pour y échanger leurs produits. Ce fut la naissance de Magdebourg, ville de commerce. La cité est toutefois plus ancienne que la date du capitulaire de Thionville signé par Charlemagne. Les Romains auraient construit ici un temple dédié à la déesse Vénus, qui serait à la source du nom de l'endroit. Mais cette supposition est très douteuse, car les Romains ont certes remonté l'Elbe, mais n'ont jamais atteint le site de Magdebourg.

Un siècle après Charlemagne, un autre souverain établit Magdebourg au centre de son royaume. Otton 1er (912-973), roi saxon et premier empereur du Saint-Empire romain germanique, et sa première épouse, Édith de Wessex (910-946), furent les grands bienfaiteurs de la ville. Offerte par Otton à sa jeune épousée en cadeau de mariage, Magdebourg devint la résidence favorite du couple royal.

So begann nach Ottos Krönung im Jahre 936 für Magdeburg eine segensreiche Zeit. 937 beschloss der König in Anwesenheit vieler geistlicher Würdenträger des Reiches „an dem Orte in der Königspfalz Magdeburg eine Kirche zu erbauen zu Ehren der heiligen Märtyrer Mauritius, Innocentius und ihrer Gefährten, zum Unterhalt der Mönche, die dort den Heiligen dienen sollen, zum Gedächtnis seines Vaters und zum Seelenheil seiner selbst und seiner Gattin, zu deren Mitgift dieser Ort gehört". So heißt es in der von Otto signierten Urkunde. Gegen den Widerstand des Mainzer Erzbischofs gründete er 968 mit dem Segen des Papstes in Magdeburg ein sechstes Erzbistum. Vermutlich hatte er dies lange vorausgeplant. Bereits viele Jahre zuvor ließ er die Kirche des Mauritus-Klosters zur Kathedrale umbauen. Dort war auch seine jung verstorbene Ehefrau Editha bestattet worden. Tonnenweise ließ Otto Marmor, Gold und Edelsteine aus seiner italienischen Residenz Ravenna nach Magdeburg schaffen. Neunzehn Ochsenkarren voll Gold soll er allein für die Ausstattung des Domes gestiftet haben. Mit Erzbistum und Kathedrale war Magdeburg endgültig zur neuen Reichsmetropole aufgestiegen. Seine neue Rolle beschrieb der Märtyrer Brun von Querfurt als „Teutonis nova Metropolis". Immer mehr Menschen, Händler, Handwerker und Gelehrte suchten die Nähe zum Kloster, der Königspfalz und der erzbischöflichen Residenz. Dort schlug das Herz eines der wichtigsten politischen und wirtschaftlichen Zentren des Reiches.

Nur zu verständlich, dass die Magdeburger zu Otto dem Großen und zu Editha ein besonders inniges Verhältnis pflegen. Straßen tragen ihre Namen,

coronation in 936 proved greatly beneficial to the town. In 937, in the presence of many dignitaries of the empire, the king signed a deed announcing that he would build "in the royal palace of Magdeburg a church in honour of the holy martyrs Maurice, Innocentius and their companions, to support monks who would venerate the saints, to preserve the memory of his father and to pray for the salvation of himself and his wife, to whose dowry this place belongs". In 968, despite opposition from the Archbishop of Mainz, Otto founded a sixth archbishopric in Magdeburg with the Pope's blessing. This was probably the result of long-term planning, for some years beforehand, he had converted the monastery church of St Maurice to a cathedral, and it was also here that his wife Edith, who died young, was buried. Otto had tons of marble, gold and precious stones transported to Magdeburg from his Imperial seat in Ravenna, and he is said to have contributed nineteen ox-carts full of gold to the interior of the cathedral alone. So Magdeburg, with its archbishopric and new cathedral, finally rose to become a leading Imperial city, and the martyr Brun von Querfurt described its role as a 'new metropolis of the Teutonic lands'. More and more people, including traders, craftsmen and scholars, moved into the area round the monastery, the palace and the archbishop's residence, for this now formed the heart of one of the Empire's most important political and economic regions.

It is easy to understand that the people of Magdeburg still feel a special affinity with Otto the Great and his wife Edith. There are streets named after

La ville connut un grand essor après le couronnement d'Otton en 936. Un an plus tard, devant une assemblée de dignitaires religieux de l'Empire, Otton signa un document dans lequel il décidait de bâtir une église dans l'établissement royal de Magdebourg, en l'honneur des saints martyrs Maurice, Innocent et leurs compagnons, destinée à subvenir aux besoins des moines qui y serviront les saints, en souvenir de son père et pour apporter la paix d'esprit à lui-même et son épouse qui a reçu l'endroit en dot. Malgré la résistance des archevêques de Mayence, Otton fonda un sixième archevêché à Magdebourg avec la bénédiction du pape. Un projet qu'il nourrissait sans doute depuis longtemps, puisque bien des années auparavant, il avait fait transformer en cathédrale l'église du couvent Saint-Maurice qui abritait le tombeau de son épouse Édith, morte à la fleur de l'âge. Otton fit venir des tonnes de marbre, d'or et de pierres précieuses de Ravenne, sa résidence en Italie. Il aurait fait don de dix-neuf chariots remplis d'or, uniquement pour l'aménagement de la cathédrale. Magdebourg, archidiocèse pourvu d'une somptueuse cathédrale, était définitivement élevée à la fonction de nouvelle métropole de l'Empire. Un nouveau rôle que le martyr Brun von Querfurt intitula « Teutonis nova Metropolis ». Un nombre accru de gens, marchands, artisans et érudits cherchèrent la proximité du couvent, de la résidence royale et de l'archevêché. Magdebourg était devenue le centre politique et économique le plus important de l'Empire.

eine Aufsehen erregende Ausstellung befasste sich mit den Ottonen, Ottos und Edithas Gräber befinden sich im Dom, mit dessen Bau 1209 nach der Zerstörung der ottonischen Kathedrale begonnen worden war. Und im berühmten Magdeburger Reiter vor dem Alten Rathaus, der eine vergoldete Kopie des Originals aus Stein darstellt, welches im Museum steht, erblicken die Magdeburger Kaiser Otto den Großen und in den Begleitfiguren seine beiden Frauen, Editha und Adelheid. Kunsthistoriker schwärmen aus einem anderen Grund für das etwa 1240 entstandene Denkmal aus Stein, handelt es sich doch um das älteste freistehende Reiterstandbild nördlich der Alpen.

Auch anderen setzte Magdeburg ein Denkmal: Otto von Guericke, dem Wissenschaftler und berühmtesten Bürgermeister der Stadt, dem Dichter Carl Leberecht Immermann, dem Komponisten Georg Philipp Telemann, dem berühmten Wundarzt Johann Andreas Eisenbarth, den Bürgermeistern August Wilhelm Francke und Carl Gustav Friedrich Hasselbach, die Magdeburg zu neuer Blüte verhalfen, ihrem Landsmann General von Steuben, der in Übersee die amerikanische Armee aufbaute, Königin Luise von Preußen, die sich bei Napoleon für ihr geliebtes Magdeburg einsetzte, Peter-Joseph Lenné, der sehenswerte Parkanlagen anregte, Lazare Nicolas Marguerite Carnot, der in Magdeburg im Exil lebende französische Revolutionär.

Magdeburg erlebte auch bittere Zeiten. Am 10. Mai 1631 genügten wenige Stunden, um eine der schönsten Metropolen des Mittelalters in

them, and the Ottonian dynasty has been the subject of a spectacular exhibition. Otto and Edith lie buried in the cathedral, which was rebuilt in 1209 after the destruction of the first Ottonian cathedral. The famous statue of the Magdeburg Horseman in front of the Old Town Hall, a gilded copy of the stone original now in the historical museum, is held to portray Emperor Otto the Great in the company of his wives Edith and Adelheid. This monument, dating from about 1240, is also of great art historical interest, for it is the oldest known free-standing equestrian statue north of the Alps.

Others have of course played their part in putting Magdeburg on the map: the renowned scientist Otto von Guericke, also the city's most famous mayor, the poet Carl Leberecht Immermann, the composer Georg Philipp Telemann, the celebrated travelling surgeon Johann Andreas Eisenbarth, the mayors August Wilhelm Francke and Carl Gustav Friedrich Hasselbach, under whom the city flourished, General von Steuben, who trained the American army, Queen Louise of Prussia, who pleaded with Napoleon to let Prussia keep her beloved Magdeburg, the great innovator of garden architecture Peter-Joseph Lenné, and Lazare Nicolas Marguerite Carnot, a French revolutionary who lived in exile in Magdeburg.

But Magdeburg has also had its share of disasters. When Imperial troops attacked on May 10, 1631, it took only a few hours for one of the most beautiful of medieval cities to be reduced to dust and ashes. Between fifteen and twenty thousand people were killed, and by 1639,

On peut donc comprendre que les habitants de Magdebourg portent Otton le Grand et Édith dans leur cœur. Des rues sont baptisées de leur nom, une exposition qui eut un grand retentissement était spécialement consacrée aux Ottoniens. Les tombeaux du couple royal furent transférés dans la cathédrale dont la construction commença en 1209, après la destruction de l'église épiscopale ottonienne. Selon les habitants de Magdebourg, la célèbre sculpture du chevalier entouré de deux figures féminines, érigée devant l'ancien hôtel de ville, représente Otton et ses deux épouses Édith et Adélaïde. L'original en pierre de cette copie dorée est exposé au musée municipal. Réalisée vers 1240, cette œuvre captive les historiens d'art pour une autre raison : elle est la plus ancienne statue équestre d'Allemagne.

Magdebourg a également élevé des monuments à d'autres grands personnages tels le savant et célèbre bourgmestre de la ville Otto von Guericke, le poète Carl Leberecht Immermann, le compositeur Georg Philipp Telemann, le médecin Johann Andreas Eisenbarth, sans oublier August Wilhelm Francke et Carl Gustav Friedrich Hasselbach, bourgmestres qui apportèrent une nouvelle prospérité à la ville et le général von Steuben, natif de Magdebourg émigré en Amérique où il fut couvert d'honneurs militaires. Citons également la reine Luise de Prusse qui intervint pour la ville qu'elle aimait auprès de Napoléon, Peter-Joseph Lenné, initiateur des superbes parcs et Lazare Nicolas Marguerite Carnot, général de la Révolution française et savant qui vécut en exil à Magdebourg.

einen Aschehaufen zu verwandeln. Zwischen 15.000 und 20.000 Bürger wurden getötet. Am Tag vor der Erstürmung durch kaiserliche Truppen hatte die Stadt 30.000 Einwohner, 1639 wurden noch 450 gezählt. 300 Jahre später, am 16. Januar 1945 brauchte es nur eine knappe halbe Stunde, um eines der bedeutendsten deutschen Wirtschaftszentren in ein Flammenmeer zu verwandeln. Die Zahl der Einwohner sank von 330.000 auf 90.000. Überraschend viel Sehenswertes ist dennoch geblieben oder wieder entstanden: die Bürgerhäuser im Gründerzeitviertel rund um den Hasselbachplatz, die wunderschöne Hegelstraße, die barocken Paläste am Domplatz. Der Breite Weg, einst die bedeutendste Barockstraße Deutschlands, ist heute ein Bilderbuch der Architektur, voller spannender Kontraste zwischen Barock und Moderne, zwischen Gotik und Hundertwasser. Am Möllenvogteigarten führt das einzige noch erhaltene Stadttor in ein Stück Mittelalter. Gleiches gilt für die freigelegte Bastion Cleve, die einst Teil der Stadtbefestigung war. Vieles wäre ohne die Spenden der Magdeburger nicht möglich gewesen: der Wiederaufbau der Johanniskirche, in der Luther 1524 predigte und den Anstoß für den Abfall der ersten bedeutenden Stadt Deutschlands vom Katholizismus gab; die neue Hauptorgel im Dom, Ersatz für die im Krieg zerstörte Vorgängerin; der Wiederaufbau der Sternbrücke zwischen Altstadt und Rotehornpark; der Roland vor dem Rathaus; das Königin-Luise-Denkmal, das in den 60er Jahren des vergangenen Jahrhunderts aus politischen Erwägungen zerstört worden war.

a mere 450 residents remained of the former population of 30,000. Three hundred years later, on January 16, 1945, it took scarcely half an hour for one of Germany's most important commercial centres to be engulfed in a sea of flame, reducing the population from 330,000 to 90,000. Yet surprisingly many of the city's sights were preserved or have been rebuilt: the late 19th century burghers' mansions around Hasselbachplatz, for instance, the attractive Hegelstrasse and the Baroque palace in the Cathedral square. Today Breite Weg, once one of Germany's principal Baroque streets, is a picture book of architecture, full of exciting contrasts between Baroque and modern, Gothic and Hundertwasser. In the Möllenvogtei garden there stands a relic of the Middle Ages, the only surviving town gateway, while the recently excavated Bastion Cleve was also part of the city's defences.

Much of this restoration work has been made possible by the generosity of the people of Magdeburg. They have donated towards the rebuilding of St John's church, where Luther gave a sermon that provided the impetus for the first important city in Germany to break away from the Roman Catholic church; they have contributed to a new Cathedral organ to replace the one destroyed in the last war. To them we owe the rebuilt Sternbrücke, between the Old Town and Rotehorn Park, the statue of Roland in front of the Town Hall, and the Queen Louise monument, destroyed in the 1960s for political reasons.

Magdebourg a aussi traversé des périodes sombres. Le 10 mai 1631, une des plus belles villes du Moyen Âge était réduite en cendres en quelques heures ; entre 15 000 et 20 000 de ses citoyens furent tués. La ville avait 30 000 habitants quand les troupes impériales s'en emparèrent ; elle n'en comptait plus que 540 en 1639. 300 ans plus tard, le 16 janvier 1945, une demi-heure suffit pour qu'un des principaux centres économiques d'Allemagne soit transformé en une mer de flammes. Le nombre des habitants se réduisit de 330 000 à 90 000. Fait surprenant, un grand nombre de ses plus beaux édifices ont traversé les épreuves ou ont été réhabilités : les maisons patriciennes de la Belle Époque allemande sur le Hasselbachplatz, la superbe Hegelstraße, les palais baroques de la place de la cathédrale. Le Breite Weg, jadis la plus importante avenue baroque d'Allemagne, ressemble aujourd'hui à un livre d'architecture illustré, où l'on découvre les contrastes captivants entre le baroque et le moderne, le gothique et la créativité de Hundertwasser. Au parc Möllenvogteigarten, l'unique porte conservée de la ville évoque le Moyen Âge, de même que le bastion Cleve, récemment mis au jour, qui faisait partie des fortifications médiévales.

Bien des actions n'auraient été possibles sans les dons des habitants de Magdebourg : la reconstruction de l'église Saint-Jean dans laquelle prêcha Luther en 1524 et qui annonçait le rejet du catholicisme dans la première grande ville allemande, le nouvel orgue dans la cathédrale pour remplacer celui détruit durant la dernière guerre,

Seit 1990 ist Magdeburg Landeshauptstadt des wieder gegründeten Landes Sachsen-Anhalt und ist wieder politisches Zentrum der Region, was die Stadt mehr als tausend Jahre war –Königs- und Kaiserpfalz, erzbischöfliche Residenz, Hauptstadt des Herzogtums Magdeburg, Hauptstadt der preußischen Provinz Sachsen, kurzzeitig Hauptstadt des Elbdepartements im Königreich Westphalen des Jérôme Bonaparte.

Magdeburg ist mehr. Wirtschaftszentrum, Stadt hervorragender Sportstätten, bedeutende Kulturstadt. Kunstmuseum, Kulturhistorisches Museum und Schauspielhaus geben dem deutschen Feuilleton seit Jahren Nahrung. Opernhaus, Philharmonie, mehrere Kabaretts, das Puppentheater, welches auch klassische Inszenierungen auf den Spielplan hat, sowie die Telemann-Musikfesttage bieten ein musisches Umfeld. Universität, Hochschule und zahlreiche namhafte Forschungsinstitute sorgen für ein spannendes geistiges Klima. Mehr als 18.000 Studierende gibt es heute in Magdeburg. Entspannungsmöglichkeiten bietet eine einzigartige Parklandschaft, für die bereits Hindenburg lobende Worte fand. In der zweitgrünsten Stadt Deutschlands sind der Rotehornpark, Herrenkrug, Elbauenpark oder Klosterbergegarten die namhaftesten der grünen Adressen.

Since 1990, Magdeburg has been the capital of the newly founded state of Saxony-Anhalt, and has once more become the political centre of a region in which it played a crucial role for over one thousand years - as the site of the royal and imperial palace and archbishopric, as the capital of the Duchy of Magdeburg, as the capital of the Prussian province of Saxony, and briefly as the capital of the Elbe Département in Jérôme Bonaparte's Kingdom of Westphalia.

But there's more to Magdeburg. It's a commercial hub with splendid sports facilities, and an important cultural centre whose museums and theatre productions have for years created a stir in the arts section of national newspapers. Apart from the opera house, the Philharmonic, several cabarets, the puppet theatre (which also stages classical dramas) and the Telemann Festival, Magdeburg's intellectual life is also flourishing, for it boasts a University, a Technical University and numerous famous research institutes, and today there are over 18,000 students in the city. For relaxation there are Magdeburg's unique parks, praised by Hindenburg nearly a century ago. The best-known parks in Germany's second greenest city are Rotehorn Park, Herrenkrug, Elbauen Park and Klosterberge Gardens.

la reconstruction du pont Sternbrücke entre Vieille-Ville et parc Rotehorn, la statue de Roland devant l'hôtel de ville, le monument de la reine Luise rasé dans les années 1960 pour des raisons politiques.

Depuis 1990, Magdebourg est la capitale du Land de Saxe-Anhalt rétabli après la réunification allemande. La ville est de nouveau centre politique de la région, rôle qu'elle avait rempli durant plus de mille ans –ville palatine royale et impériale, résidence archiépiscopale, capitale du duché de Magdebourg, capitale de la province prussienne de Saxe, et pour un court temps, capitale du département de l'Elbe dans le royaume de Westphalie de Jérôme Bonaparte.

Mais Magdebourg est bien davantage qu'un centre politique. Elle est aussi un centre économique, sportif et culturel de premier rang. Ses musées, son théâtre municipal, son opéra, sa philharmonie et ses cabarets sont souvent cités dans les rubriques « Culture » de la presse nationale. Le célèbre théâtre de marionnettes, divers festivals de musique dont les Journées musicales de Telemann attirent un nombreux public. Magdebourg a toujours été une ville de l'érudition. Outre de nombreux instituts de recherche, y sont aujourd'hui établis une université et plusieurs écoles supérieures de réputation internationale, qui accueillent au total plus de 18 000 étudiants. Dans le volet « détente et loisirs », la deuxième ville verte d'Allemagne propose une foison de parcs magnifiques dont le Rotehornpark, le Herrenkrug, l'Elbauenpark et le Klosterbergegarten ne sont que les plus connus.

Wie kaum eine andere dokumentiert diese Stadt das Schicksal der Deutschen. Ihre fast 1200-jährige bewegte Geschichte spiegelt sich in den erhaltenen Relikten der Landeshauptstadt Magdeburg wider. Im Jahr 805 lag der Handelsplatz Magdeburg im Schutz eines fränkischen Kastells an der äußersten Reichsgrenze im Herzen Europas. Das rechte Elbufer behaupteten noch die Slawen. Dort nennen sich Stadtteile Cracau oder Prester. Durch Otto I. (912-973) genoss Magdeburg kaiserlichen und internationalen Ruf.

Hardly any other city documents Germany's past as closely as Magdeburg, capital of the state of Saxony-Anhalt. Its 1200 years of turbulent history are reflected in its many well-preserved monuments and relics of bygone ages. In 805, Magdeburg lay at the heart of Europe. It started life as a trading post on the borders of the Empire under the protection of a Franconian stronghold, for Slavic tribes occupied the land east of the Elbe, as is still evident from local place names. Under Emperor Otto I (912-973) Magdeburg enjoyed both royal and international repute.

Peu de villes en Allemagne évoquent aussi intensément le passé de ce pays. La capitale du Land de Saxe-Anhalt raconte une histoire mouvementée de 1200 ans que l'on peut suivre dans ses monuments historiques, pour la plupart reconstruits à l'identique. En 805, Magdebourg était un établissement marchand sur l'Elbe qui formait la frontière de l'Empire germanique et était protégée par une forteresse franque. Les Slaves dominaient encore sur la rive droite du fleuve. Magdebourg devint une ville impériale de grand renom sous le règne d'Otton 1er (912-973) et fit plus tard partie de la Hanse.

SACHSEN-ANHALT

Abendliche Beachparty im Stadtpark. Am anderen Elbufer sorgt der Dom für eine stimmungsvolle Kulisse. – Der Dom St. Mauritius und St. Katharina ist der gewaltigste Kirchenbau Ostdeutschlands. Die weithin sichtbaren Türme sind 99,25 Meter und 100,98 Meter hoch. Den höheren Nordturm ziert zudem noch eine drei Tonnen schwere Kreuzblume. Das Gegenstück auf dem Südturm soll ein kroatischer Kanonier während des 30-jährigen Krieges abgeschossen haben. Eine Legende. Tatsächlich glichen die einfallsreichen Bauherren damit Bodenunterschiede aus.

As a backdrop to an evening beach party in the town park, the cathedral on the far bank of the Elbe completes the festive atmosphere. – The Cathedral of St Maurice and St Catherine is Eastern Germany's largest ecclesiastical building. Its two towers, 99.25 and 100.98 metres high, are visible from afar. The higher north tower is topped by a finial weighing three tons, and legend has it that its counterpart on the south tower was shot down by a Croatian bombardier in the Thirty Years' War. In truth the ingenious builders were compensating for an uneven site.

Fête nocturne dans le parc municipal avec en toile de fond la cathédrale qui se dresse sur l'autre rive de l'Elbe. – La cathédrale Saint-Maurice et Sainte-Catherine est le plus vaste édifice religieux de l'est de l'Allemagne. Ses tours de 99,25 et 100,98 mètres sont visibles de loin. La tour nord est couronnée d'un fleuron de 3 tonnes. Celui de la tour sud aurait été détruit par un canonnier croate durant la guerre de Trente Ans. Mais en vérité, le fleuron de la tour nord était unique, les bâtisseurs l'ayant installé pour remédier à une inégalité du sol.

Heilig-Abend-Andacht im Dom

Am Heiligen Abend versammeln sich die Gläubigen zur Andacht in der Bischofskirche der Evangelischen Kirche Mitteldeutschlands. Mit dem Magdeburger Dom begann die Geschichte der Gotik auch in Deutschland. Er ersetzt den 1207 zerstörten ottonischen Vorgängerbau. 1209 begannen die Bauarbeiten, 1520 endeten sie mit der Fertigstellung der Türme an der Westfassade. Bedingt durch die lange Bauzeit, lässt sich am Dom die Entwicklung der Gotik ablesen. Beeindruckend ist die Raumwirkung der 120 Meter langen und im Gewölbe 32 Meter hohen Kreuzbasilika.

Christmas Eve service in the cathedral

On Christmas Eve the congregation gather for a service in the cathedral of the Protestant Diocese of Central Germany. The Magdeburg Cathedral destroyed in 1207, and it also marked the start of the Gothic period in Germany. Work began in 1209, but did not end till 1520, when the towers were added to the west front. Because of this long building period, it is possible to trace the development of the Gothic style in the Cathedral's architecture. Simply its size is impressive: it is 120 metres long, with vaulting 32 metres high.

Messe de Noël

Les fidèles assistent à la messe de minuit dans la cathédrale du diocèse évangélique de la région. L'histoire du gothique en Allemagne commence à la cathédrale de Magdebourg, qui remplaça une cathédrale ottonienne détruite en 1207. Construite à partir de 1209, elle fut achevée en 1520 avec l'édification des tours de la façade ouest. Cette période de construction sur trois siècles permet de suivre le développement du style gothique. Longue de 120 mètres et haute de 32 mètres, la nef centrale voûtée offre une perspective admirable.

„Das Fürstenpaar" im Dom

Aus dem 13. Jahrhundert stammt die kleine 16-eckige Kapelle mit einem auf dem Thron sitzenden Herrscherpaar. Die Magdeburger betrachten das Kunstwerk als den späteren Kaiser Otto den Großen und seine erste Gemahlin, Editha von Wessex, andere Deutungen sprechen von einem Bildnis des „Himmlischen Brautpaares Christus und die Kirche". Die 19 Kugeln im Arm Ottos symbolisieren die Anzahl der Wagenladungen Gold, die er als König für den Bau des Doms gestiftet haben soll. Die Gräber des für Magdeburg so bedeutsamen Herrscherpaares befinden sich im Hohen Chor des Doms.

"The Princley Couple", Cathedral

The small 16-sided chapel of Magdeburg Cathedral dates from the 13th century and contains the figures of a crowned couple seated on a throne. The Magdeburgers regard these statues as representations of Emperor Otto I and his wife Edith of Wessex. They may, however, depict Christ and his holy bride, the Church. The nineteen spheres held by the king symbolise the number of wagonloads of gold he is said to have donated to the interior of his new cathedral. The tombs of Otto and Edith, two rulers who had an immense impact on the city's future, are in the chancel.

« Le Couple Princier », cathédrale

Datant du XIIIe siècle, la petite chapelle à 16 angles abrite un couple de souverains assis sur leur trône. Il représenterait le « Couple céleste de Jésus-Christ et l'Église », mais pour les habitants de Magdebourg, les personnages figurent l'empereur Otton le Grand, bienfaiteur de la ville, et Édith de Wessex, sa première épouse. Les 19 boules que tient le souverain symbolisent le nombre de chariots remplis d'or que Otton donna pour la construction de la cathédrale. Les tombeaux de l'empereur et son épouse se trouvent dans le chœur de la cathédrale.

Die Kanzel im Mittelschiff des Doms ist ein Kunstwerk zum Sattsehen. Wer alle Details – von der Schöpfungsgeschichte bis zum Leben Jesu – betrachten möchte, hat gewiss einen halben Tag zu tun. Die vom Apostel Paulus getragene Kanzel wurde 1595 bis 1597 aus kostbarem Alabaster geformt. Sie gilt als herausragendes Werk der deutschen Renaissance. Die Schallhaube zeigt auch den Wappenadler des Heiligen Mauritius. — Der Heiligen Katharina sowie Mauritius, dem Schutzheiligen der Kathedrale, ist der spätgotische Altar vor dem Lettner gewidmet.

The pulpit in the cathedral nave is an artwork you will never tire of looking at. To study all the details – from the creation story to the life of Jesus – you'll need half a day for sure. It is borne by the Apostle Paul, was carved from costly alabaster between 1595 and 1597, and is regarded as an outstanding work of the Renaissance period in Germany. On the canopy can be seen the eagle emblem of St Maurice. — The Late Gothic altar in front of the chancel screen is dedicated to St Catherine and St Maurice, the cathedral's patron saints.

La chaire qui se dresse dans la nef centrale est une admirable œuvre d'art de style Renaissance allemande, réalisée de 1595 à 1597 en albâtre précieux. Il faudrait une après-midi entière pour en découvrir tous les détails, depuis le socle figurant l'apôtre Paul aux scènes de l'histoire de la Genèse et de la vie de Jésus. Le dais est orné de l'aigle des armes de saint Maurice. — L'autel de style gothique tardif qui s'élève devant le jubé est dédié à sainte Catherine et saint Maurice, les patrons de la cathédrale.

Neue Hauptorgel im Dom

Seit dem 18. Mai 2008 besitzt der Dom wieder eine Hauptorgel. Die 6193 Pfeifen und 93 Register machen das Werk des Potsdamer Orgelbauers Schuke zu einer Ausnahmeerscheinung. Die Orgel wurde auf der Westempore über der Turmhalle aufgebaut, wo mit großer Wahrscheinlichkeit bereits im Jahre 1377 ihre erste Vorgängerin gespielt worden war. Die neue Hauptorgel wurde neben Fördermitteln vor allem mit kleinen und großen Spenden finanziert. Diese kamen von vielen Bürgern und Unternehmen der Stadt sowie von Freunden des Magdeburger Doms aus aller Welt.

The cathedral's new main organ

Since May 18, 2008, the cathedral has once again had a main organ at its disposal. With 6193 pipes and 93 stops, this work of the Potsdam organ builders Schuke is an exceptional instrument. It was built on the west gallery above the tower room, where in all probability the original cathedral organ of 1377 was also situated. The building of the organ was partly financed by subsidies, but also by means of large and small donations from townspeople and business and by the friends of the Cathedral of Magdeburg from all over the world.

Orgue moderne de la cathédrale

La cathédrale de Magdebourg possède un nouvel orgue depuis le 18 mai 2008. L'instrument remarquable composé de 6193 tuyaux et 93 registres fut fabriqué dans les ateliers du facteur d'orgues Schuke de Potsdam. Il est installé sur la tribune ouest, au-dessus de l'entrée de la tour, au même endroit où se trouvait sans doute le premier orgue en 1377. L'orgue actuel a été financé par des subventions, par les dons des habitants et entreprises de la ville, et par des sponsors de la cathédrale de Magdebourg, originaires des quatre coins du monde.

△ Kluge Jungfrauen ▽ Törichte Jungfrauen (um 1250)

DOM, kluge und törichte Jungfrauen

Im Paradies, einer kleinen Vorhalle an der Nordseite der Kathedrale, befindet sich der wohl berühmteste Figurenzyklus des Doms, das Bildwerk von den klugen und den törichten Jungfrauen. Um 1250 schlug ein unbekannter Meister das im Matthäus-Evangelium erzählte Gleichnis in Stein. Heute gilt es als das bemerkenswerteste Kunstwerk zu diesem Thema. Die steinernen Gesichter der Frauen scheinen zu leben. Jedes der Mädchen zeigt in Mimik und Gestik ganz unterschiedliche Gefühlsregungen, von überschäumender Freude bis zum tiefsten Schmerz.

Cathedral, the wise and foolish virgins

In the so-called Paradise porch, at the entrance to the north transept, is the most famous group of figures in the whole cathedral. It depicts the wise and foolish virgins from the biblical parable in the Gospel of St Matthew and was carved by an unknown master mason around 1250. Today it is regarded as the most remarkable artwork portraying this theme. The expressions of the women are extremely lifelike, and by means of expression and gesture, these stone figures convey a whole range of feelings, from overwhelming joy to deepest sorrow.

Cathédrale, Porche du Paradis

Le Paradis, un petit porche de la façade nord, abrite le plus célèbre cycle de statues de la cathédrale. Il représente les vierges folles et les vierges sages de l'évangile de Mathieu. Considéré aujourd'hui comme la plus remarquable œuvre d'art sur ce thème, l'ensemble fut réalisé vers 1250 par un artiste inconnu. Bien que sculptés dans la pierre, les visages des femmes semblent vivants. Par la mimique et la gestuelle, chaque personnage montre une expression unique, depuis la joie débordante à la plus profonde détresse.

An der Südseite der Kathedrale schließt sich der Kreuzgang an. Die ältesten Teile stammen noch vom ottonischen Dom. Um diese in den Neubau einbeziehen zu können, wurde der Kreuzgang nicht als Rechteck sondern in Trapezform angelegt. An seiner Ostseite blieben Reste eines Bildfrieses aus Putzritzungen erhalten. Die Zeichnungen stammen aus dem 13. Jahrhundert und sind in ihrer Art nördlich der Alpen einmalig. Zu erkennen sind Otto der Große und seine beiden Gemahlinnen Editha und Adelheid. Dargestellt sind auch die ersten 19 Magdeburger Erzbischöfe.

On the south side of the cathedral can be found the cloisters, whose oldest sections date back to the original Ottonian cathedral. In order to integrate these into the new building, the cloisters were not laid out as a rectangle but in trapeze form. On the east side can be seen the remains of a pictorial frieze carved into the plastered wall. Dating from the 13th century, it is a unique example of its kind north of the Alps. It depicts Otto the Great, his first and second wives Edith and Adelheid, and the first nineteen archbishops of Magdeburg.

Le cloître est contigu au côté sud de la cathédrale. Ses plus anciennes parties proviennent de l'église ottonienne antérieure. Pour les intégrer dans les éléments construits plus tard, le cloître ne fut pas aménagé en rectangle, forme habituelle, mais en trapèze. Sur son côté est, on peut voir les vestiges d'une fresque dans le crépi. Datant du XIIIe siècle, les dessins sont uniques en leur genre en Allemagne. Ils figurent Otton le Grand et ses deux épouses Édith et Adélaïde. Les 19 archevêques de Magdebourg sont également représentés.

BASTION CLEVE mit Blick zum Dom / Cleve Bastion with a view of the cathedral / Bastion Cleve et cathédrale

Die Bastion Cleve ist ein altes Stück Magdeburg, das seit einigen Jahren schrittweise wieder freigelegt wird. Bei der Suche nach Blindgängern aus dem Zweiten Weltkrieg, die in Magdeburg solchen Baumaßnahmen vorausgeht, stießen die Munitionsberger auch auf bislang unbekannte Festungsanlagen, einen Keller zum Turm Cleve und auf Gänge mit Geschützstellungen. Der Turm stammt vermutlich aus dem Jahr 1240. Er soll nun saniert werden. Die anderen Festungsbauwerke entstanden um 1550. Große Teile der Bastion waren im 19. Jahrhundert geschleift worden.

Cleve Bastion is a true remnant of old Magdeburg, though it has only been excavated, section by section, in recent years. Any building work in Magdeburg is preceded by a team of bomb disposal experts searching for unexploded shells, but in this case they discovered parts of a fortress unknown till then, a cellar of the Cleve Tower and walkways with emplacements for soldiers. The tower probably dates from 1240 and renovation is planned. The other defences were built in around 1550. Large parts of the bastion were demolished in the 19th century.

Le bastion Cleve est un vieux « morceau » de Magdebourg, mis au jour peu à peu depuis quelques années. En cherchant des bombes enterrées de la Seconde Guerre mondiale, mesure obligatoire avant tout travaux de construction à Magdebourg, des démineurs ont découvert des fortifications jusqu'alors inconnues, une cave de la tour Cleve et des passages pourvus de meurtrières. La tour, datant sans doute de 1240, devrait bientôt être réhabilitée. Le reste du bastion date de 1550 ; il a été en grande partie rasé au XIXe siècle.

Möllenvogteigarten, altes Stadttor

Nur eines der Magdeburger Stadttore ist am ursprünglichen Standort erhalten geblieben. Es befindet sich zwischen der ehemaligen Möllenvogtei und dem ältesten noch erhaltenen Wohnhaus der Stadt. Ab 1493 diente das aus Backsteinen gebaute Stadttor als Zugang zum Hafen des Erzbischofs. Heute ist es das Portal zum Möllenvogteigarten. Die Möllenvogte führten bis 1810 die Rechtsgeschäfte der Magdeburger Erzbischöfe. Sie hatten ihren Dienstsitz in der heute noch erhaltenen Möllenvogtei, deren Name sich von einer erzbischöflichen Mühle ableitet.

Möllenvogteigarten, the old gate

Only one of Magdeburg's former gateways can still be found in its original location. Situated between the former bailiff's house and the oldest surviving dwelling house in the town, from 1493 this brick gateway served as the entry point to the archbishop's harbour. Today, it marks the entrance to the Möllenvogtei garden, named after the bailiffs who till 1810 dealt with the legal transactions of Magdeburg's archbishops. Their official offices were in the Möllenvogtei, which still stands. Its name derives from one of the archbishop's mills.

Möllenvogteigarten, porte de la ville

Une unique porte de la ville se dresse encore à son emplacement d'origine, entre l'ancienne prévôté dite Möllenvogtei et la plus vieille maison conservée de Magdebourg. La porte en briques était jadis l'accès au port de l'archevêché. Elle s'ouvre aujourd'hui sur le parc Möllenvogteigarten (jardin des prévôts). Jusqu'en 1810, les prévôts traitèrent les affaires juridiques des l'archevêques de Magdebourg. Ils siégeaient dans la Möllenvogtei, édifice qui doit son nom à un archevêque appelé Mühle.

KULTURHISTORISCHES MUSEUM, Kaiser-Otto-Saal / Cultural History Museum, Kaiser Otto Chamber / Musée, Kaiser-Otto-Saal

Der Kaiser-Otto-Saal im Kulturhistorischen Museum ist das Herzstück des 1906 eröffneten Museumsbaus. Er wird zu Festlichkeiten genutzt, enthält aber auch selbst sehr wertvolle Ausstellungsgegenstände. Dazu gehören das Original des Magdeburger Reiters und ein monumentales Wandgemälde von Professor Artur Kampf (1864-1950) mit drei Szenen aus dem Leben Kaiser Otto I. Jüngstes spektakuläres Ausstellungsstück ist eine auf dem Domplatz entdeckte Gruft, in der zu Ottos Lebzeiten vermutlich eine bedeutende Persönlichkeit des Reichs beigesetzt wurde.

The Cultural History Museum was first opened in 1906, and the Kaiser Otto Hall is its centrepiece. This hall is now used for festivities, though there are also many highly valuable objects on display. Among them are the original of the Magdeburg Horseman and a monumental wall painting by Professor Artur Kampf (1864-1950), showing three scenes from the life of Emperor Otto I. One of the most spectacular of the recently discovered exhibits is a vault in the Cathedral Square, probably the grave of an important personage from the time of Otto I.

La salle de l'empereur Otton est le fleuron du musée d'histoire culturelle de Magdebourg, inauguré en 1906. Elle est utilisée pour des événements culturels, mais renferme aussi de précieuses œuvres d'art dont l'original du Chevalier de Magdebourg et une tapisserie monumentale, due au professeur Artur Kampf (1864-1950) figurant trois scènes de la vie de l'empereur Otton 1er. La dernière acquisition spectaculaire du musée est le tombeau d'un grand personnage de l'époque d'Otton, découvert sous la place de la cathédrale.

Die Nordseite des Domplatzes ist barock bebaut. Das gemeinsame Dach des heutigen Landtages von Sachsen-Anhalt erweckt den Anschein, als würde es sich um ein Gebäude handeln. Tatsächlich sind es aber vier Paläste. Darunter auch das 1723 bis 1725 errichtete Freyhaus des Festungsbaumeisters Cornelius von Walrave. Diese Bezeichnung verweist auf besondere königliche Gunst, die Walrave für alle Zeit vom Grundzins befreite. 1748 allerdings fiel der Baumeister in Ungnade und wurde in der von ihm entworfenen Festung bis zu seinem Tode 1773 eingekerkert.

The north side of the cathedral square is dominated by Baroque architecture. The present-day legislative assembly of Saxony-Anhalt looks like one building, but in fact it consists of four palaces spanned by a common roof. One of these, the so-called Freyhaus of the military architect Cornelius von Walrave, was built between 1723 and 1725. As Master Fortress Builder, he enjoyed the royal privilege of lifelong exemption from ground rent, but in 1748 he fell from favour, and up to his death in 1773 was incarcerated in the fort he himself had designed.

Le côté nord de la place de la cathédrale est en style baroque. Le toit du Parlement de Saxe-Anhalt ne semble recouvrir qu'un unique édifice. Mais en fait, il s'agit de quatre hôtels particuliers, dont celui érigé de 1723 à 1725 pour Cornelius von Walrave, bâtisseur de fortifications. Sa résidence était un « Freyhaus », signifiant que Walrave jouissait de la faveur royale et était exempté de l'impôt foncier à vie. Cependant, il tomba en disgrâce en 1748 et fut emprisonné jusqu'à sa mort en 1773 dans une des citadelles qu'il avait conçu.

Das Palais am Fürstenwall beherbergt heute die Staatskanzlei des Landes Sachsen-Anhalt. Es wurde von 1889 bis 1893 nach einem Entwurf von Paul Ochs im Stil der italienischen Hochrenaissance errichtet. Fortan nutzte es der jeweilige Kommandeur des preußischen IV. Armeekorps als Dienst- und Wohnsitz. Von 1904 bis 1911 hatte dieses Amt Paul von Hindenburg inne, der 1914 Ehrenbürger Magdeburgs wurde und noch später, im Jahr 1925, Reichspräsident. Prominentester Gast war Kaiser Wilhelm II., der bei Aufenthalten in Magdeburg stets im Palais am Fürstenwall wohnte.

Today the Palais am Fürstenwall houses the State Chancellery of Saxony-Anhalt. Designed by Paul Ochs in Italian High Renaissance style, it was built between 1889 and 1893 and used by serving commanders of the Fourth Prussian Army Corps as an official and private residence. From 1904-11 this office was held by Field-Marshall Hindenburg, who was granted honorary citizenship of Magdeburg in 1914. In 1925, he became President of the German Republic. The most prominent guest was Kaiser Wilhelm II, who always stayed in the Palais am Fürstenwall when in Magdeburg.

Le palais au Fürstenwall abrite aujourd'hui la Chancellerie du Land de Saxe-Anhalt. L'édifice fut construit de 1889 à 1893 dans le style néo-Renaissance italienne d'après des plans de Paul Ochs. Il était la résidence et le quartier-général des commandants du IVe corps d'armée prussien. Paul von Hindenburg occupa cette fonction de 1904 à 1911 avant d'être fait citoyen d'honneur de la ville en 1914. Il devint plus tard président du Reich en 1925. Hôte le plus prestigieux du palais, l'empereur Guillaume II y séjournait toujours lors de ses visites à Magdebourg.

Das Innere des Palais am Fürstenwall ist prunkvoll ausgestattet. Durch einen Zufallsfund konnten die Glasdecke in originaler Ätztechnik wiederhergestellt werden. Fällt die Sonne durch das gläserne Dach, taucht sie das Haus in ein warmes bernsteinfarbenes Licht. Alle Räume sind um das zentrale Vestibül angeordnet. Im Obergeschoss befanden sich der Festsaal und die kaiserlichen Gemächer. Das Deckengemälde des Kaiserschlafzimmers „Tag und Nacht" ist noch erhalten. Auch die restaurierten Deckenmalereien der anderen Räume sind beeindruckend.

The interior of the Palais am Fürstenwall contains furnishings of great opulence. Thanks to a chance find, the glass roof could be restored using the original etching technique. When the sun shines through the glazed ceiling, the whole room is bathed in warm amber light. All the rooms are arranged round the central vestibule, with the ballroom and state rooms on the upper floor. The ceiling painting depicting Day and Night in the Emperors' bedchamber has been preserved, and the restored ceiling paintings in the other rooms are also very impressive.

L'intérieur du palais au Fürstenwall est somptueux. Sa verrière a pu être réhabilitée à l'identique grâce à un procédé spécial de corrosion. Quand les rayons du soleil la traversent, l'immense hall d'entrée semble baigné d'une chaude lumière ambrée. Toutes les pièces s'articulent autour du vestibule central. La salle d'apparat et les appartements impériaux se trouvent au premier étage. La chambre de l'empereur a conservé une impressionnante fresque au plafond appelée « Jour et Nuit ». Les peintures murales des autres salles sont aussi remarquables.

St. Sebastian ist die Bischofskirche des Bistums Magdeburg, das 1994 durch Papst Johannes Paul II. in diesen Stand erhoben worden war. Sie ist eine gotische Hallenkirche, deren älteste Teile jedoch romanischen Ursprungs sind. Sie stammen vom Vorgängerbau, für den der Magdeburger Erzbischof Gero 1015 den Grundstein legte. – Die 2005 geweihte neue Eule-Orgel in St. Sebastian gilt als ein Schmuckstück für Auge und Ohr. – Der Sauerländer Künstler Jürgen Suberg gestaltete die Bronzetür am Westportal der Kathedrale mit biblischen Motiven.

In 1994, Pope John Paul II raised the status of St Sebastian's Church to that of the Cathedral of the Diocese of Magdeburg. It is a Gothic hall church, though the oldest parts, dating from the Romanesque period, are remnants of an earlier building whose foundation stone was laid in 1015 by Gero, Archbishop of Magdeburg. – The new Eule organ in St Sebastian, consecrated in 2005, is equally pleasurable to see and to hear. – The biblical motifs on the bronze door of the Cathedral's west portal were designed by the Sauerland artist Jürgen Suberg.

Saint-Sébastien est la cathédrale de l'évêché de Magdebourg, élevé à ce rang en 1994 par le pape Jean-Paul II. L'église-halle est gothique, mais ses plus anciens éléments sont en style roman. Ils proviennent de l'édifice antérieur dont la première pierre fut posée en 1015 par l'archevêque Géro de Magdebourg. – Le nouvel orgue inauguré en 2005 est autant un plaisir pour les yeux que pour l'ouïe. – La porte de bronze de la façade ouest, sculptée de motifs bibliques est une œuvre de Jürgen Suberg, artiste originaire du Sauerland.

Freiberger

Die Grüne Zitadelle am Breiten Weg ist Hundertwassers, der im Jahr 2000 verstarb, letzter Entwurf für ein Baukunstwerk. Name und Gestaltung knüpfen an die lange Festungsgeschichte der Stadt an. Hundertwassers „schönster und bester Bau“ wurde 2005 nach zweijähriger Bauzeit übergeben. Streitereien über den Standort wichen dann der Begeisterung über die goldenen Kugeln auf den Türmen, die tanzenden Fenster, die duftenden Blumenwiesen auf den Dächern und die wellenartigen Böden. Die Grüne Zitadelle ist heute Magdeburgs zweitstärkster Besuchermagnet.

The Green Citadel in Breite Weg was the last building to be designed by the Austrian architect Hundertwasser, who died in 2000. Its name and form are both linked to Magdeburg's long history as a fortified city. Hundertwasser's "best and most beautiful building" was completed in 2005, after a two-year construction period. Quarrels about its location gave way to enthusiasm for its crowning golden spheres, dancing windows, scented floral roof meadows and wavelike floors. Today the Green Citadel is Magdeburg's second most popular visitor attraction.

Située dans le Breiten Weg, la « Citadelle verte » est le dernier édifice conçu par Hundertwasser, décédé en 2000. Son nom et sa forme évoquent la longue histoire de Magdebourg, ville fortifiée. Le « plus beau et le plus réussi » des ensembles de Hundertwasser fut achevé en 2005 après deux années de construction. Les disputes quant à son emplacement furent vite oubliées devant les coupoles dorées, les fenêtres dansantes, les toits de verdure odorants et les sols ondoyants. La Citadelle verte est aujourd'hui la deuxième attraction touristique de Magdebourg.

Das Kloster Unser Lieben Frauen und die Marienkirche sind Magdeburgs älteste Gebäude. Sie stammen aus dem 12. Jahrhundert. Sehenswert ist der zweigeschossige Kreuzgang. Als Norbert von Xanten 1126 zum Erzbischof geweiht worden war, übereignete er das Kloster seinem Prämonstratenser-Orden. Von dort aus erfolgten 16 weitere Klostergründungen des Ordens. Nach seinem Tod 1134 wurde Norbert in der frühromanischen Krypta der Kirche bestattet. 1626 überführte der Orden die Gebeine des Heiliggesprochenen entgegen seiner Verfügung ins Prager Strahovkloster.

The Monastery of Our Lady and the Church of St Mary, both dating from the 12th century, are the oldest buildings in Magdeburg. The two-storey cloisters are especially worth a visit. When Norbert of Xanten became Archbishop in 1126, he made the monastery the centre of his own Premonstratensian order. From here the order went on to found sixteen more monasteries. After his death in 1134, Norbert was buried in the Early Romanesque crypt of the church. He was later canonized and in 1626, against his own wishes, his relics were transferred to Strahov abbey in Prague.

Datant du XIIe siècle, le couvent « Unser Lieben Frauen » et l'église « Marienkirche » sont les plus anciens édifices de Magdebourg. Le cloître à deux niveaux est remarquable. Quand Norbert von Xanten devint archevêque en 1126, il fit donation du couvent à l'ordre des Prémontrés auquel il appartenait, lequel fonda ensuite 16 autres monastères. Norbert fut enterré dans la crypte romane de l'église en 1134. En 1626, l'ordre ignora les dernières volontés de l'archevêque canonisé et transporta ses reliques au cloître Strahov à Prague.

△ Klosterkirche

△ Innenhof – Kreuzgang

▽ Klosterkreuzgang

▽ Krypta

Unser Lieben Frauen, Konzertsaal

Das Kloster Unser Lieben Frauen beherbergt heute ein Kunstmuseum. Auch die von außen romanische, innen jedoch mit gotischen Gewölben ausgestattete Marienkirche dient der Kunst. Seit 1977 wird sie als Konzerthalle genutzt und trägt den Namen des Magdeburger Barockkomponisten Georg Philipp Telemann. 1979 erhielt die Konzerthalle eine Orgel des Dresdner Orgelbauers Jehmlich. Zur Ausstattung gehört eine der größten Gobelin-Sammlungen in Deutschland. Die Werke entstanden im Rahmen eines künstlerischen Wettbewerbs und sollten die Akustik verbessern.

Church of St Mary, concert hall

The Monastery of Our Lady now houses an art museum, and the Church of St Mary is likewise no longer used for religious services. From its exterior it looks Romanesque, but the interior is Gothic with elegant vaulting. Since 1977 it has served as a concert hall named after Magdeburg's great Baroque composer, Georg Philipp Telemann. In 1979 a new organ was built by the Dresden organ builder Jehmlich. The furnishings include one of Germany's largest collections of tapestries. These are all prizewinning works, and are meant to improve the hall's acoustics.

Marienkirche, salle de concert

Le couvent « Unser Lieben Frauen » abrite aujourd'hui un musée. De style roman à l'extérieur, mais dotée de voûtes gothiques à l'intérieur, l'église est également devenue un lieu culturel. Depuis 1977, elle est une salle de concerts nommée d'après Georg Philipp Telemann, célèbre compositeur de musique baroque de Magdebourg. En 1979, la salle fut équipée d'un orgue du facteur d'orgues Jehmlich de Dresde. L'aménagement comprend la plus grande collection de tapisseries contemporaines d'Allemagne, destinées à rehausser l'acoustique.

 Markttag auf dem ALTEN MARKT mit Blick zum Rathaus / Market day on the Alter Markt / Hôtel de ville, place du marché

Auf dem Alten Markt finden seit Jahrhunderten regelmäßig Wochenmärkte statt. Um den Platz herum ist im frühen Mittelalter die eigentliche Stadt gewachsen. Das Alte Rathaus an der Ostseite ist das älteste Gebäude. Es wurde zwischen 1691 und 1698 auf den Mauern seines Vorgängerbaus errichtet. Seine strenge Barockfassade erinnert an die Renaissance, weshalb das Magdeburger Rathaus oft beispielhaft für niederländisch-italienischen Renaissancestil genannt wird. Im Dachreiter befindet sich ein Glockenspiel mit 47 Glocken, das regelmäßig erklingt.

For centuries, regular open-air markets have been held in the Alter Markt. It was in the area around this square that the original city grew up in the early Middle Ages. The oldest building here is the Old Town Hall, on the east side. It was built on the foundations of an earlier building between 1691 and 1698. Its restrained Baroque façade is reminiscent of Renaissance architecture, and indeed the Town Hall is often cited as a fine example of the Dutch-Italian Renaissance style. In the roof, a carillon with 47 bells regularly peals out its chimes.

Des marchés hebdomadaires se tiennent à l'Alte Markt (Vieux-Marché) depuis des siècles. Cette place constitue le noyau médiéval autour duquel s'agrandit la ville au fil des siècles. Aujourd'hui, l'ancien hôtel de ville est le plus ancien bâtiment de la place, construit à l'époque baroque entre 1691 et 1698, sur les fondations de son prédécesseur. Sa façade sobre rappelant toutefois la Renaissance, l'édifice est souvent cité comme exemple du style Renaissance néerlandaise-italienne. Surmontant le toit, son carillon de 47 cloches sonne régulièrement.

MAGDEBURGER REITER, Alter Markt

Der Magdeburger Reiter wurde etwa 1240 auf dem Alten Markt aufgestellt. Er ist das älteste freistehende Reiterstandbild nördlich der Alpen. Die Magdeburger sehen in ihm Kaiser Otto den Großen, in den beiden Frauenfiguren Ottos Gemahlinnen, Editha und Adelheid. Das steinerne Original des Denkmals befindet sich im Kulturhistorischen Museum. Der vergoldete Bronzeabguss wurde 1966 aufgestellt. Auf dem Alten Markt befinden sich noch weitere Denkmäler: Der Roland neben dem Rathaus und ein Eulenspiegel, der hier einst die Magdeburger genarrt haben soll.

The Magdeburg Horseman, Alter Markt

The Magdeburg Horseman in the Alte Markt was erected in about 1240. It is the oldest free-standing equestrian statue north of the Alps. The people of Magdeburg consider that the three figures represent Emperor Otto the Great in the company of his wives Edith and Adelheid. The gilded bronze cast was erected in 1966, while the stone original stands in the Cultural History Museum. Other monuments in the market place include statues of Roland, beside the Town Hall, and of Till Eulenspiegel, the jester who is said to have made fools of the local people.

Chevalier de Magdebourg, Alter Markt

La statue du « Chevalier de Magdebourg » fut érigée sur la place du Vieux-Marché en 1240, ce qui en fait la plus ancienne statue équestre d'Allemagne. Elle représente Otton et ses deux épouses Édith et Adélaïde. L'original de l'ensemble, sculpté dans la pierre, se trouve au musée de l'histoire culturelle de Magdebourg. La réplique en bronze doré fut installée en 1966. D'autres monuments ornent la place : une statue de Roland à côté de l'hôtel de ville et une de Till l'Espiègle qui mystifia les habitants de Magdebourg.

JOHANNISKIRCHE

Viele Magdeburger haben gespendet, damit die Johanniskirche 1999 zum fünften Male wiederaufgebaut werden konnte. Original ist die spätgotische Vorhalle von 1453. Die älteste Pfarrkirche der Stadt geht auf eine 936 bis 945 errichtete Kaufmannskirche zurück. Davor erinnert ein Luther-Denkmal an die 1524 hier vom Reformator gehaltene Predigt. Die Stadt wurde danach als erste bedeutende deutsche Stadt protestantisch. Heute wird das Gebäude für Festveranstaltungen, Klassik-, Jazzkonzerte, für Ballettvorführungen und Autorenlesungen genutzt.

CHURCH OF ST JOHN

Many Magdeburgers donated money so that the Church of St John could be rebuilt for the fifth time in 1999. The city's oldest parish church was originally erected as a merchants' church between 936 and 945. The Late Gothic porch of 1453 is all that is left of the third church on this site. In front, a statue of Luther commemorates the sermon the great reformer preached in the church in 1524, after which the city became Protestant. Today the building is used for festive occasions, classical and jazz concerts, ballet performances and author readings.

ÉGLISE SAINT-JEAN

De nombreux habitants de Magdebourg ont fait des dons afin que Saint-Jean soit reconstruit pour la cinquième fois en 1999. La plus ancienne église paroissiale de la ville remonte à une église bâtie pour les marchands entre 936 et 945. Le porche en style gothique tardif date de 1453. Devant l'édifice, une statue de Luther rappelle le sermon que le réformateur tint ici en 1524. Magdebourg devint ensuite la première grande ville protestante d'Allemagne. L'église est aujourd'hui utilisée pour des événements culturels, tels que concerts, ballets et lectures par des auteurs.

Elbufer-Impressionen ▷

△ Fürstenwall-Promenade am Elbufer △ Stadtturm „Kiek in de Köken" △ Wasser- und Schifffahrtsamt ▽ Drachenboote auf einem Elbarm

Elbufer mit Blick zur WALLONERKIRCHE ST. AUGUSTINI / the Elbe with a view of the Walloon church of St Augustine / Rives de l'Elbe

Eine Schiffstour auf der Elbe führt an der Altstadt mit ihrer Perlenkette von Gotteshäusern vorbei. Im Norden bildet heute die Wallonerkirche St. Augustini das letzte Glied. Ein Ritter stiftete sie 1285 für die Augustinermönche als Klosterkirche. Martin Luther weilte später häufig bei den Mönchen des Klosters und nahm großen Einfluss auf deren Glaubenshaltung. Nachdem das Kloster 1525 aufgelöst wurde, nutzte man die Räume nacheinander als Armenhospital, Pest-Lazarett, Waisen-, Zucht- und Armenhaus. Nach 1631 wurde die Kirche Besitz der Gemeinde der Walloner Flüchtlinge.

A boat trip on the Elbe passes the Old Town, with its chain of beautiful churches. The last of these is the Walloon church of St. Augustine to the north. It dates from 1285 and was the gift of a knight to the Augustine monastery. Later Martin Luther was a frequent guest here and exerted considerable influence on the monks' beliefs. After the dissolution of the monastery in 1525, it was used in turn as an infirmary for the poor, a plague hospital, an orphanage, a prison and an almshouse. In 1631 the community of Walloon refugees took over ownership of the church.

Une excursion en bateau sur l'Elbe mène devant la Vieille-Ville avec ses nombreuses églises. En 1285, un chevalier fit le don de Saint-Augustin aux moines augustiniens. Plus tard, Martin Luther séjourna souvent dans le monastère où il avait été moine, et eut une influence primordiale sur les croyances de l'ordre. Après la dissolution du monastère en 1525, il fut utilisé comme hospice, abritant successivement malades miséreux, pestiférés, orphelins, délinquants et pauvres. En 1631, l'église devint propriété de la communauté des réfugiés wallons catholiques.

Strandbar am Elbufer mit Blick zur Sternbrücke / beach bar on the banks of the Elbe / Magdebourg-Plage

Die Magdeburger lieben ihre Elbe. Das umso heftiger, da sich in den vergangenen Jahrhunderten Hafen, Industrie und Festungsgelände an vielen Stellen zwischen Strom und Stadt geschoben hatten. Seit einigen Jahren gehört die Strandbar am Petriförder, einem traditionellen Schiffsanlege- und Fährplatz unterhalb der Altstadt, zur festen sommerlichen Einrichtung. Dazu werden viele Tonnen Sand an den Petriförder gebracht. Wer will, kann sich an warmen Tagen in der Sonne aalen, Schiffe auf der Elbe beobachten und Musik, Bier, Kaffee oder Eis genießen.

The people of Magdeburg love their River Elbe, and all the more because in the course of the centuries, the river port, the fortifications and the industrial district have occupied many different locations between the Elbe and the city itself. For some years the beach bar on Petriförder, a traditional ship and ferry landing stage below the Old Town, has been a permanent fixture in summer. Tons of sand are transported here to create a beach where people can bask in the sun, watch the shipping on the Elbe and enjoy music, beer, coffee or ice cream.

Les habitants de Magdebourg aiment leur fleuve, qui dans les siècles passés, permit l'installation de ports et d'industries, après celle des fortifications protectrices. Depuis quelques années, la rive près de l'embarcadère de Petriförder en amont de la Vieille-Ville, se transforme en « Magdebourg-Plage » pendant la saison estivale. Des tonnes de sable y sont apportées dès les beaux jours. On peut se dorer au soleil aux sons d'airs de musique ou contempler les bateaux navigant sur l'Elbe en dégustant rafraîchissements, bière, café ou glaces de la buvette.

Wer in Magdeburg Geselligkeit sucht, hat die Qual der Wahl. In der Innenstadt gibt es viele Kneipen, Bars und Cafés, Szenerestaurants, aber auch Kabaretts, eine Oper und ein Theater. Sie sind Treffpunkte von Studenten und anderen Erlebnishungrigen. Dazu gehört auch das zweigeschossige Restaurant „Alex" an der Ernst-Reuter-Allee. Im Sommer möchten die Gäste jedoch am liebsten im Freien sitzen. Von dort genießen sie den Blick auf die Fontäne des benachbarten Springbrunnens. Sie kann verschieden hoch sprudeln. Am Brunnen laden Bänke zum Sitzen ein.

Anyone looking for a lively social life in Magdeburg will be spoilt for choice. In the city centre there are numerous taverns, bars, cafés, trendy restaurants and also cabarets, an opera house and a theatre, all of which provide meeting places for students and anyone else in search of a good time. One such venue is the two-storey Alex Restaurant on Ernst Reuter Allee. In summer, customers prefer to sit outside and admire the gushing waters of the nearby fountain. The height of the spray is variable, and benches around offer a break to passers-by.

Autochtones et visiteurs ont l'embarras du choix quand ils veulent sortir à Magdebourg, tant il y a de brasseries, bars, restaurants, bistros d'étudiants dans le centre-ville, sans oublier les cabarets, l'opéra et le théâtre. Situé dans la rue Ernst-Reuter-Allee, le restaurant « Café Alex » est très populaire. Par les douces soirées d'été, assis à la terrasse, on peut admirer les jeux d'eau et de lumières de la fontaine voisine. Autour du bassin, des bancs invitent également à la détente.

Die Leiterstraße ist eine alte Geschäfts- und Einkaufsadresse in der Innenstadt. Ihr Name wird gern missdeutet: Nicht Leitern, sondern Leder (im Niederdeutschen „Ledder") standen bei der Namensgebung Pate. In den siebziger Jahren des vergangenen Jahrhunderts wurden die verbliebenen Häuser abgerissen und die Straße komplett im Stil der Zeit neu aufgebaut. Den Wohnhäusern wurden zweigeschossige Geschäfte und Restaurants vorgelagert. In der Leiterstraße ist heute auch die „Zwickmühle" beheimatet, das älteste und bekannteste Magdeburger Kabarett.

Leiterstrasse is an old business and shopping area in the centre of Magdeburg. The name is often misinterpreted; it derives from the German word Leder, meaning leather, and not from Leiter (ladder), as might be expected. In the 1970s the houses that remained standing after the Second World War were demolished, and the street completely reconstructed in a contemporary style, with two-storey shops and restaurants being built in front of the houses. Today, Leiterstrasse is also home to the "Zwickmühle", Magdeburg's oldest and most famous cabaret.

La Leiterstraße est une vieille rue commerçante du centre-ville. Son nom signifiant « rue du cuir » évoque les temps passés. Dans les années 1970, les dernières maisons anciennes furent rasées et la rue entièrement réaménagée selon un urbanisme moderne. Des restaurants et magasins occupent les deux premiers niveaux des immeubles d'habitations. La « Zwickmühle »(L'embarras), le plus ancien et le plus connu des cabarets de Magdebourg se trouve aujourd'hui dans la Leiterstraße.

Universitätsplatz mit Blick zum Opernhaus / View of the Opera House, Universitätsplatz / Place de l'Université

Der verkehrsreiche Universitätsplatz schließt die Altstadt im Norden ab. Vor ein paar Jahren wurde er neu gestaltet und durch einen Tunnel von einem Teil des Verkehrs befreit. Namensgeberin ist die Otto-von-Guericke-Universität, deren Hauptcampus sich auf der Nordseite befindet. Ihr gegenüber ist das Opernhaus (Bildmitte) zu Hause. Das modernste und größte Musiktheater des Landes wurde erstmals 1907 als Zentraltheater eröffnet und nach Kriegszerstörungen 1950 wiedererrichtet. Nach einem Brand 1990 erhielt es bis 1997 ein neues Innenleben.

This busy junction marks the northern edge of the Old Town. It was redesigned a few years ago, with a tunnel to speed up the flow of traffic. It is named after Otto von Guericke University, whose main campus is located on the north side. Opposite can be seen the Opera House (centre), the largest and most modern building of its kind in the state. It was first opened as Zentraltheater in 1907, and then reopened in 1950 after war damage had been repaired. After a devastating fire in 1990, the Opera House was reopened once more in 1997 with a brand new interior.

La place de l'Université ferme le quartier de la Vieille-Ville (Altstadt) au nord. Depuis son réaménagement il y a quelques années, un tunnel l'allège de son trafic intense. La place doit son nom à l'université Otto-von-Guericke dont le campus principal s'étend sur le côté nord. En face s'élève l'Opéra (au centre de la photo). La plus grande et la plus moderne des salles d'opéras du Land fut d'abord reconstruite en 1950, après que la guerre eut dévasté le Grand Théâtre municipal inauguré en 1907. L'Opéra a été ensuite rénové en 1997 après un incendie en 1990.

Der Breite Weg führt von Nord nach Süd durch die Magdeburger Altstadt. Die bis 1945 längste Barockstraße Europas ist heute wieder die wichtigste Magdeburger Geschäftsstraße. Nachdem 1998 das Allee-Center (Bildmitte) eröffnet wurde, gilt Magdeburg als eine der beliebtesten Einkaufsadressen Mitteldeutschlands. Die Geschäfte der Händler gingen so gut, dass sich das Management entschloss, das Allee-Center 2005 um eine weitere Einkaufsetage zu erweitern. Das Center bildet mit dem benachbarten Ulrichshaus den Kern der Einkaufslandschaft in der City.

Breite Weg is a broad street running from north to south through the Old Town. Till 1945, this was Europe's longest Baroque street, and today it has once again become Magdeburg's main shopping area. After the Allee Center (in the middle of the photo) was opened in 1998, Magdeburg became one of the most popular venue for shoppers in Central Germany. Business flourished, and in 2005 the management of the Allee Center decided to add another floor to the mall. Along with the adjacent Ulrichshaus, this now constitutes the heart of the city's shopping district.

Le Breite Weg traverse la Vieille-Ville de Magdebourg du nord au sud. La plus longue rue baroque d'Europe jusqu'en 1945 est aujourd'hui la principale rue commerçante de Magdebourg. Après l'ouverture de l'Allee-Center (au centre de la photo) en 1998, Magdebourg est devenue un des endroits favoris de shopping de cette partie de l'Allemagne. Les affaires étaient si florissantes dans les magasins de l'Allee-Center qu'il fut agrandi d'une nouvelle galerie en 2005. Avec le centre « Ulrichshaus » voisin, il constitue le noyau commercial de Magdebourg.

ALLEE
CENTER
Hey Kleiner!
It's party time!
ZOO-FEST
am 23.7.06

Blick zum ALLEE-CENTER

Historie und Moderne als Nachbarn: Vorn der Colossus Magdeburgensis, eine vier Meter hohe Rolandfigur. Rolandfiguren gelten in Norddeutschland als Zeichen städtischer Freiheit. Der Magdeburger Roland wurde zum 1200-jährigen Stadtjubiläum nach dem Vorbild des auf einem Holzschnitt überlieferten mittelalterlichen Vorgängers neu in Stein gehauen. Möglich wurde seine Wiederaufstellung durch Spenden Magdeburger Bürger und Unternehmen. Hinter dem Roland ist das Alleecenter zu sehen, überragt von den Türmen der Marienkirche.

View of the ALLEE CENTER

The historic and modern rub shoulders in Magdeburg. In the foreground stands the Colossus Magdeburgensis, a four-metre high statue of Roland that in Northern Germany symbolizes municipal independence. The Magdeburg Roland was carved in stone to commemorate the city´s 1200th anniversary. It was modelled on a medieval wood carving of Roland, and its reconstruction was made possible by the generosity of individuals and firms in Magdeburg. In the background is the Allee Center, dominated by the two towers of St Mary's church.

Vue sur l'ALLEE-CENTER

L'histoire côtoie le contemporain : en premier plan, le Colosse Magdeburgensis, une statue de Roland haute de quatre mètres, en arrière-plan, le centre commercial Allee-Center dominé par les tours de la Marienkirche. Dans le nord de l'Allemagne, le personnage de Roland symbolise la liberté des citoyens. Le Roland de Magdebourg fut érigé à l'occasion des 1200 ans de la ville. La sculpture en pierre a été réalisée d'après le modèle d'une statue en bois médiévale, et financée grâce aux dons des habitants et entreprises de Magdebourg.

ALLEE-CENTER, Innenansicht

OTTO-VON-GUERICKE-DENKMAL

Neben dem Rathaus steht das Denkmal für den berühmtesten Sohn der Stadt. Otto von Guericke war Bürgermeister und Diplomat, Ingenieur und Naturforscher. Er erfand die Kolbenpumpe und eine Elektrisiermaschine. Am bekanntesten dürfte jedoch sein Magdeburger Halbkugelversuch zur Demonstration des Luftdrucks und Vakuums sein. 1686 verstorben, wurde sein Denkmal erst 1907 aufgestellt. Es besteht aus Naturstein und Bronze und zeigt Guericke, zu dessen Füßen die Halbkugeln liegen. Ein Relief zeigt den Halbkugelversuch, ein anderes die Zerstörung der Stadt 1631.

OTTO VON GUERICKE MONUMENT

Beside the Town Hall stands a monument to Magdeburg's best-known native - Otto von Guericke, diplomat, engineer, scientist and city mayor. He invented both the piston pump and the electrostatic generator, but is best known for his Magdeburg hemisphere experiment, which demonstrated the principles of air pressure and the vacuum. Though he died in 1686, the monument, of natural stone and bronze, was not erected till 1907. It shows Guericke with two hemispheres at his feet. One relief shows his famous experiment, another the destruction of the city in 1631.

STATUE D'OTTO VON GUERICKE

La statue du plus célèbre enfant de Magdebourg s'élève près de l'hôtel de ville. Otto von Guericke fut bourgmestre et diplomate, ingénieur et naturaliste. Il inventa la pompe à piston, un appareil électrostatique, mais est surtout connu pour sa « sphère de Magdebourg » et ses expériences sur la pression atmosphérique et le vide. Il mourut en 1686, toutefois la ville ne l'honora d'un monument qu'en 1907. La statue en bronze de Guericke se dresse sur un socle en pierre, sa sphère à ses pieds ; deux reliefs montrent ses expériences et la destruction de la ville en 1631.

Otto-von-Guericke-Universität

Auf dem Hauptcampus der Otto-von-Guericke-Universität finden sich sowohl modernste Gebäude, wie die bis 2003 neu errichtete Universitätsbibliothek, als auch viele Grünflächen, die besonders in den Sommermonaten zum Verweilen zwischen Vorlesungen und Seminaren einladen. Erst 1993 aus mehreren Hochschulen gegründet, sind inzwischen mehr als 13.000 Studenten an der Universität eingeschrieben. Mit den 7000 Studenten der Hochschule Magdeburg-Stendal ist die Stadt Magdeburg das Zentrum studentischen Lebens in Sachsen-Anhalt.

Otto von Guericke University

On the main campus of Magdeburg's Otto von Guericke University, you can find ultra-modern buildings such as the University Library, dating from 2003, and also numerous green spaces that provide inviting spots to relax between lectures and seminars. The University was founded in 1993, as an amalgamation of several colleges of further education, and now over 13,000 students are registered here. With the 7,000 students of Magdeburg-Stendal Technical University, the city of Magdeburg has become the centre of student life in Saxony-Anhalt.

L'université Otto-von-Guericke

Le campus de l'université Otto-von-Guericke associe des bâtiments modernes tels que la nouvelle bibliothèque édifiée en 2003 à de vastes pelouses dont les étudiants profitent en été, entre les cours. Fondée en 1993 à partir de diverses écoles supérieures, l'université accueille aujourd'hui plus de 13 000 étudiants. Avec son université et l'école supérieure de Magdeburg-Stendal qui compte 7 000 étudiants, Magdebourg est la première ville universitaire et le centre de la vie estudiantine du Land de Saxe-Anhalt.

△ Universitätsbibliothek

▽ Blick zum Hörsaal – davor Studenten in der Mittagspause

Zu besonderen Anlässen wird in Magdeburg Guerickes weltbekannter Halbkugelversuch wiederholt. Auf dem Reichstag zu Regensburg führte der Magdeburger Bürgermeister und Naturforscher 1654 vor, dass 2 Gespanne mit insgesamt 16 Pferden die von ihm leer gepumpte Kupferkugel nicht wieder in ihre beiden Halbkugelbestandteile zu trennen vermochten. So demonstrierte er gleichzeitig die Kraft des Luftdrucks. Damit widerlegte er die These vom Horror vacui, der Angst der Natur vor der Leere, dem Vakuum.

On special occasions, Otto von Guericke's world-famous hemisphere experiment is re-enacted in Magdeburg. Guericke, a scientist and mayor of Magdeburg, first tested his theory in Regensburg before the Imperial Diet in 1654, then repeated it in Magdeburg. He showed that when air was pumped out of a two-part copper sphere, the hemispheres could not be separated, even by two teams of sixteen horses. With this, he also illustrated the principles of air pressure and disproved the theory of the horror vacui, the idea that nature abhors a vacuum.

Connue dans le monde entier, l'expérience de la sphère de Guericke est reconstituée lors du festival en l'honneur du savant, qui se tient sur une rive de l'Elbe. Le bourgmestre de Magdebourg exécuta cette expérience devant l'empereur et le Reichstag à Ratisbonne en 1654. Deux attelages de huit chevaux ne parvinrent pas à séparer les deux demi-sphères que Guericke avait vidées de leur air. Il démontra ainsi la force de la pression atmosphérique et réfuta la thèse de l'Horror vacui, l'horreur du vide dont aurait témoigné la nature, selon le savoir à cette époque.

Alljährlich findet in Magdeburg das Internationale Figurentheaterfestival „Blickwechsel" statt. Dabei gibt es neben dem klassischen Puppentheater auch Figurentheateraufführungen mit mehreren Premieren. Nicht nur das Puppentheater ist dabei Spielort, sondern auch das Schauspielhaus und der Moritzhof. Künstlergruppen aus aller Welt beteiligen sich an diesem Festival, das immer im Juni stattfindet. Neben den zahlreichen Premieren befassen sich die Festivalmacher auch mit aktuellen Problemen des menschlichen Seins.

The international "Change of View" puppetry festival takes place every year in Magdeburg. Besides traditional forms of puppet theatre, there are also numerous first-night performances with body puppets. These not only take place in the Puppet Theatre, but also in Magdeburg Theatre and in Moritzhof. Puppetry groups from all over the world take part in this festival, which is always held in June. Besides the numerous performances of new puppet plays, there are productions devoted to current events and problems of human existence.

Magdebourg accueille tous les ans le festival international de marionnettes appelé « Blickwechsel ». Outre le théâtre classique de marionnettes, le festival comprend des représentations de mimes, dont beaucoup sont des premières. On peut assister aux spectacles au théâtre de marionnettes, au théâtre municipal « Schauspielhaus » et au Moritzhof. Des troupes d'artistes du monde entier participent au festival qui a lieu au mois de juin. Les organisateurs du festival n'offrent pas seulement de l'art, mais ont aussi à cœur de montrer les problèmes de la société.

PRETZIENER WEHR

Um Magdeburg vor Hochwasser zu schützen, baute man ein altes Elbbett als Umflutkanal aus. Damit dieser nur im Notfall Elbwasser aufnimmt, wurde zwischen 1871 und 1875 das Pretziener Wehr gebaut. Es ist 162,8 Meter lang, der Durchfluss ist 112,95 Meter breit und mit eisernen Schützentafeln versehen, die bei Bedarf mit Winden gezogen werden. Seither schützt es die Stadt zuverlässig vor Hochwasser. Dabei wurde das Wehr bisher mehr als 60 Mal, stets von Schaulustigen begleitet, gezogen. Etwa ein Drittel des Wassers fließt dann an Magdeburg vorbei.

PRETZIENER WEIR

To protect Magdeburg from flooding, the old course of the Elbe was converted to an overflow channel. The Pretziener Weir was constructed between 1871 and 1875 to ensure that the Elbe only spilled into this waterway in an emergency. The weir is 162.8 metres long and the channel 112.95 metres wide, with iron sluice gates that can be winched into place as required. It still protects the city from high water, and has been raised over 60 times, always in the presence of curious onlookers, allowing up to a third of the Elbe's waters to bypass the city.

BARRAGE MOBILE DE PRETZIEN

Pour protéger Magdebourg des crues, un vieux bras de l'Elbe fut canalisé et un barrage mobile érigé entre 1871 et 1875 afin de gérer l'écoulement des eaux. Le barrage mobile de Pretzien a 162,8 mètres de longueur, 7,5 mètres de largeur et neuf ouvertures. Les battants en fer sont enlevés au besoin avec un système de treuil. Depuis sa construction, le barrage a protégé plus de 60 fois Magdebourg des inondations, un tiers environ de l'eau étant détourné. Sa mise en service est un spectacle suivi par un nombreux public.

Einer der wenigen erhaltenen Seitenradschleppdampfer liegt auf dem rechten Elbufer. 1909 in Roßlau gebaut, verfügte er über eine 625 PS starke Zweizylinder-Dampfmaschine, die ihn stromabwärts auf bis zu 15 Stundenkilometer beschleunigte. 1974 wurde der Dampfer außer Dienst gestellt und im Oktober 1975 an seinen jetzigen Platz gebracht. Noch bis April 1976 wurde das Schiff umgebaut, bis es als Museum und Gaststätte eröffnet wurde. Seither hat es sich zu einem beliebten Ausflugsziel im Stadtpark Rotehorn, unmittelbar neben der Sternbrücke, entwickelt.

One of the few still existing paddle wheel steamboats now lies permanently upon the east bank of the Elbe. Built in 1909 in Rosslau, it once had a two-cylinder, 625-horse-power steam engine that allowed it to navigate downstream at speeds of up to 15 kilometres an hour. In 1974 the steamer was removed from service and in October 1975, it was transported to its present location next to the Sternbrücke. In April 1976 it was converted to a museum and restaurant, and since then it has developed into a favourite spot for outings in Rotehorn Park.

Un des rares bateaux à vapeur et à aubes conservés se trouve sur la rive droite de l'Elbe. Construit en 1909 à Roßlau, il était actionné par un moteur à vapeur de deux cylindres qui lui permettait de descendre le fleuve à une vitesse atteignant 15 km/h. Le bateau fut mis hors de service en 1974 et amarré à cet endroit en octobre 1975. Ses travaux de transformation durèrent jusqu'en avril 1976, date à laquelle le musée et le restaurant furent ouverts au public. Depuis, le bateau du parc municipal Rotehorn près du pont Sternbrücke, est un but d'excursion très populaire.

Blick von Norden auf Elbauenpark, Alte Elbe, Werder und Stromelbe. Magdeburg ist eine grüne Stadt und war 1999 Ausrichter der Bundesgartenschau. Zu diesem Zweck wurde ein ehemaliges Armeegelände in eine Parklandschaft verwandelt, den Elbauenpark. Auf seinen 200 Hektar finden sich neben klassischen Parkflächen auch zahlreiche fantasievolle Gärten. Das höchste Holzgebäude Deutschlands, der Jahrtausendturm mit der Ausstellung zur Wissenschaftsgeschichte, ein Schmetterlingshaus und die Einschienenbahn runden das Freizeitangebot ab.

This bird's eye view from the north shows the Elbauen Park, the old Elbe, the isle of Werder and the new Elbe. Magdeburg is a green town and in 1999 hosted the National Garden Show on a former military site that was converted to what is now known as the Elbauen Park. Here, in an area of 200 hectares, you'll find conventional parks and also numerous imaginatively laid-out gardens. Other leisure facilities include Germany's highest wooden building, the Millennium Tower with an exhibition of the history of science, a butterfly house and a monorail.

Vue depuis le nord sur le parc Elbauenpark, l'Alte Elbe (à gauche), Werder et le fleuve. Magdebourg est une ville verte, qui organisa le festival floral national en 1999. Pour cette occasion, un ancien site de l'armée fut transformé en parc appelé Elbauenpark. De nombreux jardins paysagers et de vastes étendues de pelouses et bois se partagent ses 200 hectares. Parmi ses attractions, citons la serre des papillons, la plus haute cabane en bois d'Allemagne, la Tour des mille ans avec une exposition sur l'histoire de la technique et le petit train à rail unique.

PAULANER

Einmal im Jahr findet die Elbauennacht statt, bei der es neben Musik auch spektakuläre Lichtinszenierungen zu sehen gibt. — Der Kuppelsaal des Jahrtausendturms begrüßt den Besucher mit einem Einblick in die Technik der Antike, der bis ins Jahr 500 reicht. Zu sehen sind unter anderem ein Aquädukt, mit Dampfkraft öffnende Tempeltore und eine altägyptische Grabkammer. Neben diesen Ausstellungsstücken hängt im Kuppelsaal auch ein Foucaultsches Pendel. In den anderen Etagen finden sich Ausstellungsstücke aus späteren Jahrhunderten bis zu unserer Zeit.

The so-called Elbauen Night takes place once a year, and the programme includes not only musical entertainment but also spectacular lighting displays. — In the cupola room of the Millennium Tower, visitors are greeted by an exhibition of antique technology that goes back to the year 500. You can, for example, see an aqueduct, temple doors with steam-driven movements and an old Egyptian burial chamber. Besides these exhibits, there is also an example of Foucault's Pendulum. Other floors show scientific inventions from later centuries up to the present.

Une fois par an, la fête de Nuit de l'Elbe offre maintes attractions dont des concerts et jeux de lumières spectaculaires. — La coupole de la Tour des mille ans accueille les visiteurs avec un aperçu de la technique depuis l'antiquité à 500 ans de notre ère. On peut admirer entre autres un aqueduc, des portes de temple antique s'ouvrant à la force de la vapeur et une salle funéraire égyptienne. Un pendule de Foucault est également suspendu dans cette salle. Les autres étages abritent des expositions sur les techniques ultérieures jusqu'à nos jours.

Im Elbauenpark finden sich in den Garten- und Parklandschaften auch viele Kunstobjekte. — Direkt am Elbauenpark liegt das Erlebnisbad Nautica. Hier gibt es Wasserrutschen und einen Wildwasserkanal genauso wie normale Schwimmbecken. Zusätzlich verfügt das Erlebnisbad über ein Außenbecken und eine umfangreiche Saunalandschaft. Mehrere Saunatypen laden dazu ein, bei unterschiedlichen Temperaturen Ruhe zu tanken. Fitnessmöglichkeiten und Gastronomie runden das Angebot ab und machen das Nautica zu einem beliebten Ausflugsziel.

Dotted among the grass and gardens of Elbauen Park there are numerous works of art. – The Nautica adventure pool is directly next to Elbauen Park. Here you will find water chutes and a wild water channel as well as conventional swimming pools. In addition, the adventure pool has an open-air bathing area and extensive sauna facilities, where various saunas at different temperatures provide guests with a welcome oasis of calm. To round off the day, there is fitness equipment and a range of eating places, making the Nautica a popular place for outings.

De nombreuses œuvres d'art décorent les jardins et pelouses de l'Elbauenpark. — Le complexe aquatique Nautica s'étend juste à côté de l' Elbauenpark. Outre diverses piscines, il offre des toboggans aquatiques, un canal d'eaux tumultueuses, un vaste bassin extérieur et un espace sauna. Divers types de saunas aux températures différentes invitent à la détente. Une salle de remise en forme et des restaurants complètent l'infrastructure du Nautica, très populaire auprès des habitants de la région.

Einmal im Jahr finden die Ballonmagietage im Magdeburger Elbauenpark statt. Jahr für Jahr ist es ein besonderer Anblick, wenn Dutzende Ballons in rascher Folge zu ihren luftigen Fahrten abheben. Besonders spektakulär sind die Ballons in Sonderformen, wie „Würstchendose", „Gabelstapler" oder „Eistüte". Aber es wird nicht nur gefahren, am letzten Abend bleiben die Ballons auf dem Boden, stehen beim Ballonglühen aber im Mittelpunkt. Im Rhythmus der Musik werden die Brenner gezündet und der Elbauenpark in ein Meer aus Formen, Farben und Melodien getaucht.

The annual event of the Balloon Magic Festival takes place in Magdeburg's Elbauen Park. Year after year, it's a breathtaking sight when dozens of balloons ascend one after another into the skies on their airborne voyage. Some have a spectacularly unusual shape, as for example the "tin of sausages", "fork-lift truck" and "ice-cream cornet". On the last evening the balloons don't take off but stay grounded, the centre of attraction yet again. The burners are set alight in time to music and the park is transformed into a sea of forms, colours and melodies.

Une fois par an, la fête des Jours magiques du ballon a lieu à l'Elbauenpark de Magdebourg. Des douzaines de ballons s'envolent dans les airs les uns après les autres, sous les yeux d'un public captivé. Certains ballons ont des formes spectaculaires, ressemblant à des cornets de glace, des gerbeurs ou des boîtes de saucisses. Le dernier soir de la fête, les ballons restent au sol et s'affaissent lentement ; leur brûleurs sont allumés au rythme de joyeux airs de musique. Le parc se transforme alors en une mer de lumières et de couleurs.

 Blick über die Elbe zum Rotehornpark mit Stadthalle und Aussichtsturm / View over Rotehorn Park / Vue sur le parc Rotehorn

Auf der Rotehorn-Insel in der Elbe wurde ein Landschaftspark mit zahlreichen Wander- und Reitwegen angelegt, der durch Bootshäuser und Gaststätten komplettiert wurde. Aus der Tauben Elbe entstand der Adolf-Mittag-See. 1922 bis 1927 baute man ein Ausstellungsgelände, von dem die Stadthalle, der Aussichtsturm und das Pferdetor erhalten sind. Der Bau der Stadthalle nach einem Entwurf von Johannes Göderitz dauerte nur viereinhalb Monate. 1922 verband man den Stadtpark über die Sternbrücke mit der Altstadt, 2005 wurde die neu errichtete Brücke eröffnet.

On Rotehorn island in the Elbe, a park was laid out over a century ago, with paths, bridleways, boathouses and restaurants. The stretch of river named the Tauben Elbe was widened to form Adolf Mittag lake. Between 1922 and 1927 an exhibition area was built, of which the civic centre, observation tower and notable Horse Gateway remain. Work on the civic centre, designed by Johannes Göderitz, took only four and a half months. After a new bridge had been built, this link the park with the Old Town. After extensive renovation, the bridge was reopened in 2005.

Un vaste parc sillonné de chemins de randonnées et de pistes cavalières fut aménagé sur l'île de Rotehorn au milieu de l'Elbe. Des embarcadères et divers restaurants complètent son infrastructure. Le lac Adolf-Mittag était créé à partir d'un bras du fleuve. De 1922 à 1927 fut construit un parc des expositions dont il reste la salle municipale (Stadthalle), la Tour et la Porte des chevaux. Le Stadhalle fut bâti en quatre mois et demi selon des plans de Johannes Göderitz. En 1922, le Sternbrücke relia le parc à la Vieille-Ville ; le nouveau pont date de 2005.

Der Adolf-Mittag-See ist zwischen 1906 und 1908 entstanden. Dazu erweiterte man einen Elbarm, die so genannte Taube Elbe. Mit seiner Bootsinsel, dem etwas später errichteten Marientempel und den beiden Holzbrücken ist er ein besonderes Kleinod im Rotehornpark. Über Kanäle und Wasserläufe kann man mit dem Boot vom Adolf-Mittag-See aus auch andere Teile des Parks erkunden. Am Ufer des Sees gibt es Terrassen und Gastronomie, die zum Verweilen einladen. Der See ist nach seinem Stifter, dem Industriellen Adolf Mittag, benannt.

The Adolf-Mittag lake was dug out between 1906 and 1908 by widening the Taube Elbe, a branch of River Elbe running through Rotehorn Park. With its boat island, two wooden bridges and Marientempel pavilion, a later addition, the lake is the jewel of Rotehorn Park. Starting from here, you can also explore other areas of the park by boat along its many canals and waterways. On the lake shore there are terraces and restaurants where visitors like to linger and relax. The lake is named after Adolf Mittag, the industrialist who financed its construction.

Aménagé entre 1906 et 1908, le lac Adolf-Mittag est le résultat de l'élargissement d'un bras de l'Elbe surnommé « Taube Elbe ». Il offre un paysage rempli de charme avec son embarcadère, une chapelle dédiée à Marie, bâtie ultérieurement, et deux ponts de bois. En partant du lac, on peut explorer en bateau d'autres parties du parc Rotehorn par des canaux et de petits cours d'eau. Sur les rives du lac, des restaurants et cafés avec terrasses invitent à la détente. Le site est nommé d'après son donateur, l'industriel Adolf Mittag.

△ Pferdetor ▽ Idylle am Adolf-Mittag-See – Bootspartie durch den Park

ROTEHORNPARK

Als Teil der Gesamtplanung des Architekten Albinmüller wurde für das Ausstellungsgelände von Fritz Maenicke und Max Roßdeutscher das Pferdetor erbaut. 1927 war das Ausstellungsgelände im Rotehornpark Schauplatz der Deutschen Theaterausstellung. Dabei diente das Pferdetor als Zugang zum Festgelände der Ausstellung. — Mit Tret- und Ruderbooten kann man zahlreiche Wasserläufe im Stadtpark erkunden und sich in der ruhigen Umgebung herrlich entspannen. Nicht nur Menschen genießen das Biotop im Herzen der Stadt, auch viele Tierarten fühlen sich hier wohl.

ROTEHORN PARK

The Horse Gateway, the design of the architect Albin Müller, was planned as part of his entire concept of the exhibition area. The work was executed by the sculptors Fritz Maenicke und Max Rossdeutscher. In 1927, this showground in Rotehorn Park served as the location of the German Theatre Exhibition, with the Horse Gateway providing the main entrance. – You can hire a pedal boat or rowing boat to explore the waterways of this park at the heart of the city, and relax in the tranquil surroundings of a biotope that is also home to many animal species.

PARC DE ROTEHORN

Si la planification globale revint à l'architecte Albinmüller, la Porte des chevaux qui donne accès au parc des expositions fut construite par Fritz Maenicke et Max Roßdeutscher. Elle fut inaugurée en 1927 à l'occasion de l'exposition du Théâtre allemand. — En pédalo ou en barque, on peut se promener sur les nombreuses voies d'eau du parc municipal et en goûter l'atmosphère paisible. Le parc n'est pas seulement très apprécié des habitants de Magdebourg ; ce biotope au cœur de la ville est aussi l'habitat de nombreuses espèces animales.

Denkmal für General von Steuben

Seit 1996 steht am Ende der Harnackstraße ein Denkmal für den in Magdeburg geborenen General von Steuben. Steuben ging 1777, nach seinem Abschied aus der preußischen Armee, nach Amerika und wurde Generalmajor und Generalinspekteur der Kontinentalarmee. Er hatte maßgeblichen Anteil daran, sie zu einer schlagkräftigen Armee zu formen. 1794 starb er auf seiner Farm in Oneida County. Bis heute wird er in den USA verehrt. So gibt es seit 1957 jährlich die Steuben Parade in New York, an der viele deutsch-amerikanische Vereine mit historischen Uniformen und Trachten teilnehmen.

The General von Steuben memorial

Since 1996, this memorial to General von Steuben, a native of Magdeburg, has stood at the end of Harnackstrasse. In 1777 Steuben left the Prussian army for America, where he became Major General and Inspector General of the Continental Army, playing a considerable role in forging a powerful Revolutionary army. He died in 1794 on his farm in Oneida County. Even today, he is honoured in the USA, and since 1957 there has been an annual Steuben Parade in New York, in which many German-American societies participate, dressed in historic uniforms and costumes.

Statue du général von Steuben

Depuis 1996, un monument au bout de la Harnackstraße honore un général né à Magdebourg. Après avoir quitté l'armée prussienne, von Steuben partit en Amérique en 1777, où il devint major-général et inspecteur-général de l'Armée continentale qu'il aida à former en une armée puissante. Il mourut en 1794 dans son ranch d'Oneida County, et est vénéré aux États-Unis jusqu'à aujourd'hui. Depuis 1957, à la parade von Steuben qui a lieu chaque année à New York, de nombreuses amicales germano-américaines défilent en uniformes et costumes historiques.

Die Stadt erwarbt 1868 Teile der südlichen Stadtbefestigung vom Militärfiskus und verkaufte den Grund parzelliert an den Meistbietenden. Zwischen 1874 und 1886 wurde dieser bebaut. Die Bauordnungen setzten kaum Grenzen, gaben nur geschlossene Bebauung und Fluchtlinien vor. Die Fassaden sind reich geschmückt, das Innere prachtvoll mit Stuck in den Wohnungen und Malereien in den Hauseingängen ausgestattet. — Das dominierende Haus am Hasselbachplatz ist das Eckhaus Breiter Weg/Otto-von-Guericke-Straße. Wegen seiner Form wird es als „Plättbolzen" bezeichnet.

In 1868, the city bought parts of the southern fortifications from the military and sold plots of land to the highest bidders. Building took place between 1874 and 1886. There were few stipulations in the building regulations, which only specified terraced housing with a common alignment. The facades are highly ornate and the interiors splendidly decorated with stucco, with wall painting in the entrances. — The most striking house stands at the corner of Breiter Weg and Otto von Guericke Strasse. Its form has earned it the nickname of "flat iron".

En 1868, la ville acheta au ministère des Armée des parties des fortifications sud et vendit les terrains en parcelles aux plus offrants. Ces terrains furent construits entre 1874 et 1886 selon des règlements de construction assez lâches, qui n'imposaient qu'une hauteur et un alignement communs. Les façades sont richement ornées de divers motifs. À l'intérieur, les halls des immeubles sont décorés de peintures et les appartements de stucs. — Le principal édifice de style historiciste (Gründerzeit) occupe le coin Breiter Weg/ Otto-von-Guericke-Straße au Hasselbachplatz .

SEB
30

Helmann

Die Häuser Breiter Weg 178 und 179 sind aus der Epoche des Barock. Sie stammen aus dem Jahr 1727 und wurden im Auftrag von Johann Kuskopf und Jakob Kord errichtet. Beide Gebäude sind nur etwa 6,5 Meter breit. Sie besitzen teils sehr aufwändige Fensterverzierungen, die ihre Inspiration von anderen in der Zeit errichteten Gebäuden bezogen. — Im nördlichen Teil des Vogelgesangparks gelegen, beherbergt der Magdeburger Zoo etwa 900 Tiere aus 180 Arten. Jährlich kommen 300.000 Besucher in den 1950 als Heimattierpark eröffneten Zoologischen Garten.

Numbers 178 and 179 in Breite Weg date from the Baroque era. They were built in 1727 for Johann Kuskopf and Jakob Kord. Both these mansions are only about 6.5 metres wide. The ornamentation around the windows is in part very elaborate, and typical of German Baroque style. — Magdeburg Zoo is situated in the northern part of Vogelgesang Park. When the zoo opened in 1950 it contained only indigenous animals, but now it is international in scope. It is home to 180 species, with about 900 animals in all, and is visited by around 300,000 people annually.

Les maisons 178 et 179 du Breite Weg datent de l'époque du baroque. Elles furent construites en 1727 pour Johann Kuskopf et Jakob Kord, deux notables de la ville. Les façades n'ont qu'une largeur de 6,5 mètres, mais sont magnifiquement décorées de motifs alors en vogue. — Aménagé dans la partie nord du parc de Vogelgesang, le jardin zoologique de Magdebourg abrite quelque 900 animaux de 180 espèces différentes. Il accueille tous les ans environ 300 000 visiteurs. Au départ modeste parc animalier citadin, il fut inauguré en 1950.

△ Einjährige Löwen ▽ Grevy-Zebras

△ Elefantengehege ▽

BÖRDELANDHALLE

Die Bördelandhalle ist die Heimat der ersten deutschen Handball-Champions-League-Sieger, der SCM Gladiators. Der Traditionsclub, DDR-Rekordmeister und auch auf europäischem Parkett erfolgreich mit Siegen in allen Pokal-Wettbewerben, spielt seit 1997 in der Halle, in der aber auch andere Sportveranstaltungen, wie Boxkämpfe oder der DFB-Hallenpokal der Frauen stattfinden. Neben den sportlichen Wettbewerben wird die Bördelandhalle auch als Ort für Konzerte und Fernsehsendungen genutzt. Bis zu 8.000 Zuschauer finden in der Mehrzweckhalle Platz.

BÖRDELANDHALLE

The Bördelandhalle is the home of the first German team to win the European Handball Champions League, known as the SCM Gladiators. This long-standing club, a record-holding champion in the former East Germany and in addition a successful participant in many European cup competitions. has played in the hall since 1997. Other sporting events take place here too, such as boxing and the women's indoor finals of the German Football Association, and this is also a venue for concerts and TV programmes. The multi-purpose hall can seat up to 8,000 spectators.

Stade de BÖRDELANDHALLE

Le stade de Bördelandhalle est celui des SCM Gladiators, les champions de la première division de handball allemande en 2001. Cette équipe réputée, déjà championne à l'époque de la RDA dans diverses compétitions européennes, joue depuis 1997 à la Bördelandhalle. Mais le stade accueille également d'autres manifestations sportives telles que combats de boxe ou championnat de football en salle féminin de la DFB. Il est aussi utilisé pour des concerts et des spectacles radiotélévisés. Jusqu'à 8 000 personnes peuvent prendre place dans le stade polyvalent.

STADION MAGDEBURG

Das Stadion Magdeburg ist die Heimstätte des einzigen Fußball-Europapokalsiegers aus der DDR. Der 1. FC Magdeburg gewann 1974 den Cup der Pokalsieger. 2006 wurde das neue länderspieltaugliche Stadion eröffnet. Es bietet 27.250 Zuschauern Platz. Seit der Eröffnung waren bereits mehrere Auswahlmannschaften des DFB zu Gast in Magdeburg, so zum Beispiel die Frauennationalmannschaft.

Magdeburg stadium is home to the only football team of the former East Germany to have won the European Cup Winners' Cup. FC Magdeburg celebrated their victory in 1974. In 2006 a new stadium was opened with facilities for international fixtures and a seating capacity of 27,250. Since then, it has played host to several teams of the German Football Association, including the national women's football team.

Le stade de Magdebourg est celui de l'unique équipe de football de l'ex-RDA à avoir remporté la coupe européenne. Le 1. FC Magdebourg gagna le trophée en 1974. Le nouveau stade aux normes nationales a été inauguré en 2006. Il peut accueillir 27 250 spectateurs. Plusieurs équipes de la DFB ont déjà joué à Magdebourg, également l'équipe nationale féminine.

SPORTPARK LIFE im Herrenkrug

Im Herrenkrug liegt der Sportpark Life. Dort kann man nicht nur an verschiedenen Trainingsgeräten Fitness tanken, sondern auch drinnen wie draußen Tennis spielen.

The so-called Sportpark Life, in the Herrenkrug district, is a sports and fitness centre with a wide range of facilities to keep you fit, including indoor and outdoor tennis courts.

Le parc sportif « Sportpark Life » est situé dans le quartier de Herrenkrug. Il abrite des salles de remise en forme, avec équipements ultramodernes et des courts de tennis intérieurs et extérieurs.

PARKHOTEL HERRENKRUG

1837 wurde das heutige Parkhotel Herrenkrug als Parkrestaurant eröffnet. Es wuchs rasch und hatte bald mit 12.000 Plätzen einen der größten Restaurationsgärten Deutschlands. 1905 erfolgte der Bau eines Saals, der heute als Ballsaal genutzt wird. 1990 bis 1994 wurde das historische Gebäude komplett saniert und um einen Hotelneubau ergänzt. — Zur Bundesgartenschau 1999 errichtet, verbindet der Herrenkrugsteg Magdeburgs Industriegelände Rothensee mit dem Herrenkrug. Sein schwungsvoll gestalteter Grundriss macht den Steg zu einem Hingucker.

HERRENKRUG HOTEL

The history of the Herrenkrug Parkhotel dates back to 1837, when a restaurant was opened here. It rapidly developed into one of Germany's biggest garden restaurants, seating over 12,000 guests. In 1905 a large hall was added, which is now the ballroom. The whole site underwent complete renovation between 1990 and 1994 and new hotel buildings were added. — Constructed for the National Garden Show in 1999, this eye-catching pedestrian bridge, with its elegant design and sweeping curves, links Magdeburg's industrial Rothensee district with Herrenkrug.

HÔTEL HERRENKRUG

L'actuel hôtel Herrenkrug fut d'abord un restaurant ouvert en 1837. Il s'agrandit rapidement pour devenir un des plus grands restaurants de parc d'Allemagne avec une capacité de 12 000 places. Construite en 1905, une de ses salles est aujourd'hui une salle de bals. L'ensemble historique fut entièrement réhabilité de 1990 à 1994, avec un nouvel édifice qui abrite l'hôtel. — Construite à l'occasion de l'exposition florale nationale de 1999, la passerelle de Herrenkrug relie la zone industrielle Rothensee de Magdebourg au quartier de Herrenkrug.

Der Herrenkrugsteg über die Elbe ▷

Um den Mittellandkanal Richtung Elbe zu verlassen, muss ein Höhenunterschied von 18,5 Metern überwunden werden. Da eine Schleuse in den 1930er Jahren nicht realisierbar war, wurde ein Schiffshebewerk errichtet. Es ist ein Schwimmerhebewerk, bei dem zwei Tauchschwimmkörper den Schiffstrog halten. Dies reduziert den Kraftaufwand für das Heben des Trogs enorm, so dass nur 8 Elektromotoren mit je 44 kW benötigt werden. Mit Fertigstellung des Wasserstraßenkreuzes wurde das Hebewerk überflüssig und im Juli 2006 vorläufig stillgelegt.

Boats passing from the Mittelland Canal to the Elbe have to negotiate a height difference of 18.5 metres. In the 1930s, standard lock technology proved insufficient to overcome this difference, and a boat lift was constructed instead. It worked on a float mechanism, with a trough supported by two float chambers filled with water. This greatly reduced the energy needed to lift the trough, which was raised by only eight 44-kilowatt electric motors. After the completion of the Magdeburg Water Bridge, the boat lift was closed in 2006.

Il faut surmonter un dénivellement de 18,5 m pour quitter le canal Mittelland en direction de l'Elbe. La construction d'une écluse n'étant pas réalisable dans les années 1930, on choisit d'installer un élévateur de bateaux. Une technique spéciale de deux flotteurs permettait de réduire la force d'élévation de l'auge, ne nécessitant que 8 moteurs électriques de 44 kW chacun. L'élévateur de bateaux fut mis hors de service en 2006, après l'aménagement du croisement de voies d'eau navigables.

Das Wasserstraßenkreuz ist eine der neuesten Sehenswürdigkeiten Magdeburgs, auch wenn es vor den Toren der Stadt liegt. Anknüpfend an Planungen aus den 1930er Jahren, die aber nicht verwirklicht werden konnten, entstand hier ein Komplex aus der Sparschleuse Rothensee, der Doppelsparschleuse Hohenwarthe und der Trogbrücke über die Elbe. Auf dieser mit 918 Metern längsten Trogbrücke Europas können Schiffe nun bequem vom Mittellandkanal hoch über der Elbe in den Elbe-Havel-Kanal gelangen, ohne dafür lange Schleusengänge in Kauf nehmen zu müssen.

This aqueduct is one of the latest visitor attractions in Magdeburg, though it is situated outside the city. The project was first conceived in the 1930s, but could not be realised. Now a whole complex is in place, consisting of the two water-saving locks of Rothensee and Hohenwarthe and a water bridge spanning the Elbe. The bridge is 918 metres long and the longest aqueduct in Europe. Ships now progress directly from the Mittelland canal to the Elbe-Havel Canal without having to undergo the time-consuming route through a lock.

Le carrefour fluvial est une des curiosités les plus récentes et les plus visitées de Magdebourg, bien qu'il se trouve en dehors de la ville. Suivant des plans des années 1930, mais irréalisables à l'époque, a été construit ici un complexe comprenant les écluses de Rothensee et Hohenwarthe qui égalisent la différence de niveau d'eau, et le pont-canal sur l'Elbe. Sur ce pont-canal long de 918 mètres, qui en fait le plus long d'Europe, les bateaux peuvent désormais passer sans encombre du canal Mittelland, en amont de l'Elbe au canal Elbe-Havel.

Magdeburger Weihnachtsmarkt

Alljährlich zur Adventszeit sind Alter Markt und Altes Rathaus in vorweihnachtlichen Lichterglanz getaucht. Magdeburgs Weihnachtsmarkt ist der größte und einer der schönsten in Sachsen-Anhalt. Viele Buden mit Naschereien, Glühwein und Grünkohl ziehen allabendlich die Magdeburger an, aber auch viele Besucher aus den benachbarten Städten und Dörfern.

Every year during Advent, the Old Market Place and Old Town Hall are bathed in a pre-Christmas blaze of light. Magdeburg's Christmas market is one of the largest and most beautiful in Saxony-Anhalt. Every evening, local people and visitors from neighbouring towns and villages are drawn to the numerous stalls to buy sweets and biscuits, mulled wine and cabbage dishes.

Le marché de Noël de Magdebourg est le plus grand et le plus beau de Saxe-Anhalt. Dès le premier décembre, les places de l'Alte Markt (Vieux-Marché) et de l'Altes Rathaus (ancien hôtel de ville) sont baignées des lumières et des arômes annonçant Noël. Tous les soirs, les petits chalets proposant douceurs, vin chaud et spécialités gastronomiques régionales comme le chou vert, attirent non seulement les habitants de Magdebourg, mais aussi de nombreux visiteurs des villes et villages environnants.

Magdeburg im Winterzauber

Blick aus dem winterlichen Rotehornpark auf Magdeburgs gotischen Dom. Auch die Elbe führt Eisschollen, die vom Strom träge unter der Hubbrücke hindurch stromab geschoben werden.

This photo shows a winter view of Magdeburg's Gothic cathedral from Rotehorn Park. There are ice floes on the Elbe that can be seen floating slowly downstream under the lift bridge.

Vue sur la cathédrale gothique depuis le parc Rotehorn en manteau d'hiver. L'Elbe charrie des glaçons qui passent sous le pont Hubbrücke, emportés en aval par le courant.

Die Strahlen der untergehenden Sonne tauchen die Stromelbe ins Abendlicht. Am hohen Westufer das unverkennbare Magdeburger Stadtbild. Die Kirchen spiegeln sich zwischen den Eisschollen auf der glatten Wasseroberfläche: der Dom St. Mauritius und St. Katharina, die Marienkirche des Klosters Unser Lieben Frauen, die Kirche St. Johannis, die Kirche St. Petri mit ihrem klobigen Turm und die Wallonerkirche St. Augustini mit ihrem steil aufschießenden Kirchenschiff. Versteckt im Abendschatten bleibt die 1315 erbaute Magdalenenkapelle neben St. Petri.

The rays of the setting sun bathe the Elbe in a crimson glow as dusk falls. On the opposite bank, the distinctive skyline of Magdeburg is thrown into silhouette. The city's great churches are mirrored in the barely ruffled waters between the ice floes: the Cathedral of St Maurice und St Catherine, the Church of St Mary in the monastery of Our Lady, the Church of St John, the Church of St Peter with its sturdy tower and the Walloon Church of St Augustine with its steeply roofed-nave. Hidden in the shadows beside St Peter's is the Magdalen Chapel, dating from 1315.

Les rayons du soleil couchant enrobent l'Elbe de couleurs rougeoyantes. Au long de la rive droite, les églises de la ville se reflètent entre les glaçons sur la surface lisse de l'eau : la cathédrale Saint-Maurice et Sainte-Catherine, l'église du couvent Unser Lieben Frauen, l'église Saint-Jean, l'église Saint-Pierre avec sa tour massive et l'église Saint-Augustin à la nef élancée. Près de Saint-Pierre, la chapelle Magdeleine bâtie en 1315, se dissimule dans l'obscurité de la nuit tombante. Magdebourg offre ici un panorama unique.

ZIETHEN-PANORAMA VERLAG
D-53902 Bad Münstereifel · Flurweg 15
Telefon: (0 22 53) 60 47 · Fax: (02253) 6756
www.ziethen-panoramaverlag.de

Neuauflage 2009

Redaktion und Gestaltung: Horst Ziethen
Textautor: Manfred Zander

Englische Übersetzung: Dr. Gwendolen Webster
Französische Übersetzung: France Varry

Produktion: Ziethen-Panorama Verlag GmbH

Printed in Germany

ISBN 978-3-93432-876-1

BILDNACHWEIS / TABLE OF ILLUSTRATIONS / TABLE DES ILLUSTRATIONS

Seiten:

dpa ..../Andreas Lander 10, 11, 12, 28a, 43b, 44, 45b, 47, 49, 51,
.... 63b+d, 64d, 71; /euroluftbild.de:27, 64a, 65(2), 66;
............/Huber: 33b; /Jens Wolf: 14b, 26 + Rücktitel, 50, 55a, 70a;
............/Peter Förster: 23, 32, 41, 45a, 55b, 59, 63a+c, 70b;
............/Rodemann: 28d, Titelbild-Collage (4)
Fredi Fröschki ....1 + 31, 9, 18, 19, 20, 22, 31, 37, 38 ,39 ,40, 52, 58(2),
............60, 62(2), 72, Titelbild-Collage (1)
Karl Kinne............15, 21, 24, 25(2), 30, 33c, 34, 53, 54, 57
HB-Verlag............/Sabine Lubenow:17, 42, 61; Marc-Oliver Schulz: 33a, 48, 67
Constantin Beyer ....14a, 16(2)
BA Punctum/H.-P. Szyszka............28b, 35

BA Mauritius/Heiner Heine: 13 · BA Schapowalow/Huber: 28c · ArcoImages/R. Kiedrowski: 29 · Visum/A. Vossberg: 36 ·artur/Jochen Helle: 43a · ddp/Jens Wolf: 47b · Matthias Luedecke: 56 · Stuttgarter Luftbild: 68 ·Das Luftbildarchiv, Wennigsen: 69 ·

Kartografie Vorsatz: © Falk Verlag, 73751 Ostfildern
Kartografie Nachsatz: © Ernst Klett Verlag GmbH 2009

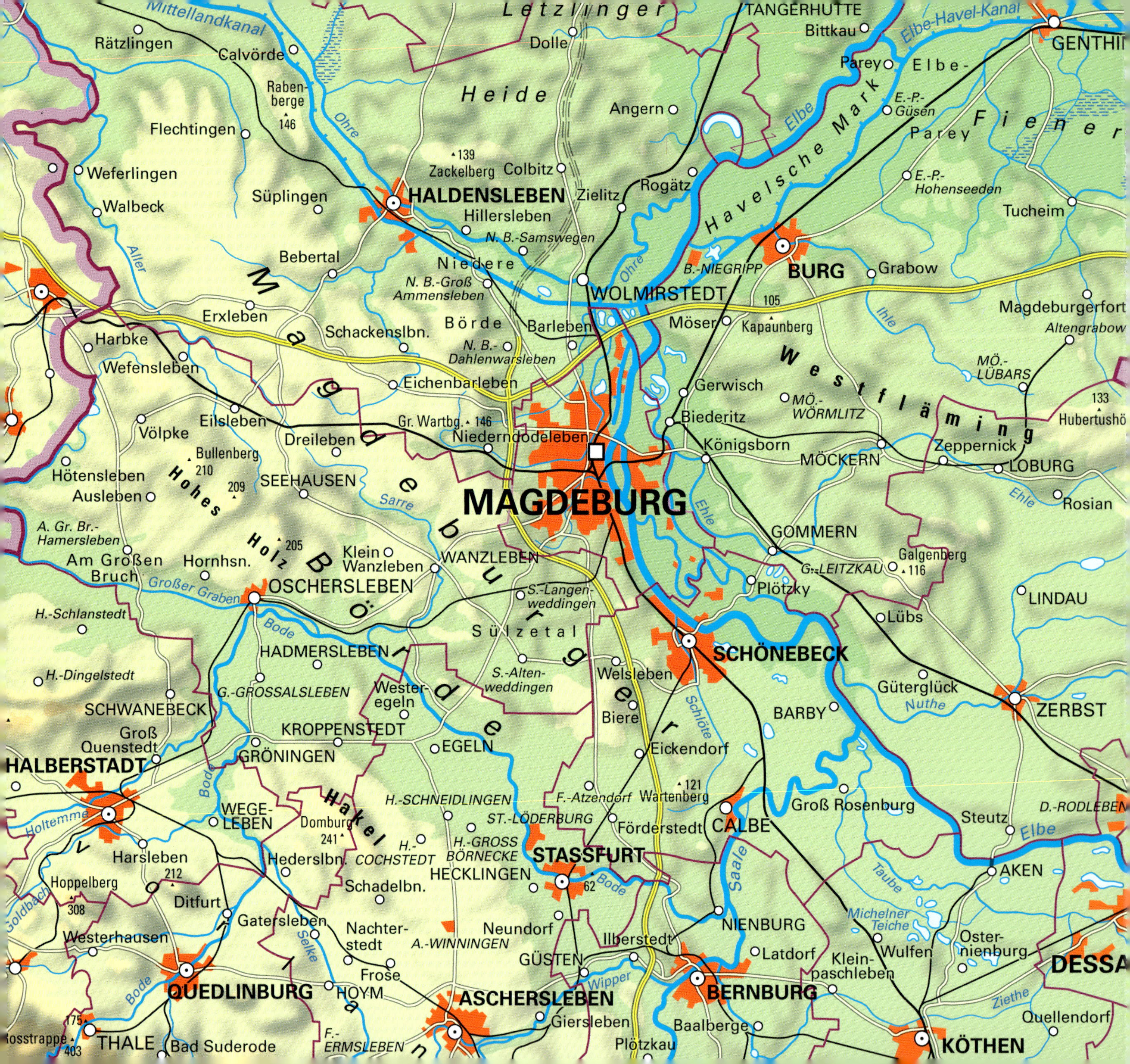

Letzlinger Heide
Mittellandkanal
Rätzlingen
Calvörde
Rabenberge
146
Flechtingen
Ohre
Dolle
TANGERHÜTTE
Bittkau
Elbe-Havel-Kanal
GENTHI
Parey
Elbe-
Angern
E.-P.-Güsen
Parey
Fiener
Elbe
Havelsche Mark
Weferlingen
Walbeck
Süplingen
139
Zackelberg
Colbitz
Rogätz
E.-P.-Hohenseeden
HALDENSLEBEN
Zielitz
Hillersleben
Tucheim
N. B.-Samswegen
Aller
Bebertal
Niedere
B.-NIEGRIPP
BURG
Grabow
N. B.-Groß Ammensleben
WOLMIRSTEDT
Ohre
Magdeburgerfort
105
Altengrabow
Erxleben
Börde
Möser
Kapaunberg
Harbke
Schackenslbn.
Barleben
Ihle
Wefensleben
N. B.-Dahlenwarsleben
Westfläming
MÖ.-LÜBARS
Eichenbarleben
Gerwisch
133
MÖ.-WÖRMLITZ
Völpke
Eilsleben
Gr. Wartbg. 146
Biederitz
Hubertushö
Magdeburger Börde
Bullenberg
Dreileben
Niederndodeleben
Königsborn
MÖCKERN
Zeppernick
LOBURG
210
Hötensleben
Hohes Holz
SEEHAUSEN
Ausleben
209
MAGDEBURG
Ehle
Rosian
Sarre
Ehle
A. Gr. Br.-Hamersleben
GOMMERN
Galgenberg
205
Klein Wanzleben
WANZLEBEN
Am Großen Bruch
Hornhsn.
G.-LEITZKAU
116
OSCHERSLEBEN
Großer Graben
S.-Langenweddingen
Plötzky
LINDAU
H.-Schlanstedt
Bode
Sülzetal
Lübs
SCHÖNEBECK
HADMERSLEBEN
H.-Dingelstedt
S.-Altenweddingen
Welsleben
Güterglück
G.-GROSSALSLEBEN
Westeregeln
Nuthe
ZERBST
SCHWANEBECK
Biere
Schlöte
BARBY
KROPPENSTEDT
Groß Quenstedt
EGELN
Eickendorf
GRÖNINGEN
HALBERSTADT
121
Hakel
H.-SCHNEIDLINGEN
F.-Atzendorf
Wartenberg
Groß Rosenburg
D.-RODLEBEN
WEGELEBEN
Domburg
241
ST.-LÖDERBURG
Förderstedt
CALBE
Steutz
Holtemme
Elbe
Bode
H.-COCHSTEDT
H.-GROSS BÖRNECKE
Harsleben
Hedersleben
STASSFURT
AKEN
Hoppelberg
212
HECKLINGEN
62
Saale
Taube
Vorharz
308
Ditfurt
Schadelbn.
Bode
Goldbach
Gatersleben
Nachterstedt
Neundorf
NIENBURG
Michelner Teiche
Westerhausen
A.-WINNINGEN
Ilberstedt
Osternienburg
Selke
Wulfen
Latdorf
Kleinpaschleben
GÜSTEN
Frose
DESSA
Wipper
QUEDLINBURG
HOYM
ASCHERSLEBEN
BERNBURG
Ziethe
175
Giersleben
Quellendorf
Rosstrappe
403
THALE
Bad Suderode
F.-ERMSLEBEN
Baalberge
Plötzkau
KÖTHEN